Christine Kramer

Wie viel Luft fehlt im Reifen?

Alltagsrechnen für Erwachsene nach Hirnverletzung
Textaufgaben für die Grundrechenarten

Christine Kramer wurde 1964 in München geboren, ist verheiratet und hat 2 Kinder.
Ergotherapeutin seit 1989 (Berufsfachschule in Günzburg). Berufserfahrung in der Neurologie, zunächst in einer Rehabilitationsklinik bei Berchtesgaden (1989-1992). Danach Studium der Psychologie in Salzburg (1992–1999). Dort seit 1997 in der ambulanten Rehabilitation von Schlaganfallpatienten tätig. Erfahrung mit Angehörigenbetreuung und Publikation einer Studie dazu (1997). Unterrichtstätigkeit und Studentenbetreuung.

Christine Kramer

Wie viel Luft fehlt im Reifen?

Alltagsrechnen für Erwachsene
nach Hirnverletzung

Textaufgaben
für die Grundrechenarten

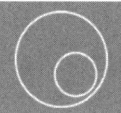 **Das Gesundheitsforum**

Bibliografische Information Der Deutschen Bibliothek
Die Deutsche Bibliothek verzeichnet diese Publikation in der Deutschen National-
bibliografie; detaillierte bibliografische Daten sind im Internet über
http://dnb.ddb.de abrufbar.

Besuchen Sie uns im Internet:

www-schulz-kirchner.de

1. Auflage 2005
ISBN: 978-3-8248-0333-0
Alle Rechte vorbehalten
Fachlektorat: Beate Kubny-Lüke
Lektorat: Doris Zimmermann
© Schulz-Kirchner Verlag GmbH, Idstein 2005
Druck und Bindung: Elektra GmbH, Niedernhausen
Printed in Germany

Die Informationen in diesem Buch sind von der Verfasserin und dem Verlag sorgfältig erwogen und geprüft, dennoch kann eine Garantie nicht übernommen werden. Eine Haftung der Verfasserin bzw. des Verlages und seiner Beauftragten für Personen-, Sach- und Vermögensschäden ist ausgeschlossen.

Inhalt

Hinweise zur Bearbeitung der Textaufgaben	7
Zum Kapitel „Komplexe Aufgaben"	8
Zum Gebrauch des Taschenrechners	8
Voraussetzungen, die der Patient mitbringen muss, um mit den vorliegenden Textaufgaben zu arbeiten	8
Zielgruppe dieser Textaufgaben	8
Folgende Fähigkeiten können mit den Textaufgaben trainiert werden	9
Der optimale Ablauf	9
Therapieziele	9

Übungsteil

Start	11
Auto und Reisen	15
Dies und Das	21
Einrichten	27
Gäste und Küche	33
Geld	41
Haushalt	53
Kinder	61
Outdoor	67
Zeiträume	73
Komplexe Aufgaben	84
Lösungen	97

Hinweise zur Bearbeitung der Textaufgaben

Diese Textaufgaben für Erwachsene sind für die ergotherapeutische Arbeit mit Patienten gedacht, die nach einer erworbenen Hirnschädigung eine längere Zeit eine kognitive Therapie durchlaufen haben und deren kognitive Leistungsfähigkeit einen hohen Stand erreicht hat. Ziel der Textaufgaben ist es, wieder fit zu werden für die im Alltag anfallenden Rechenanforderungen.

Es gibt viele sehr gute Therapiematerialien zur Erarbeitung verloren gegangener kognitiver Einzelleistungen wie z.B. Aufmerksamkeit, Konzentration, Umstellungsfähigkeit, Arbeitsgedächtnis und Kopfrechnen. Sind diese Basisfähigkeiten mit Hilfe von Ergotherapie wieder hergestellt, wird es notwendig, sie bei komplexen Aufgaben anzuwenden, wie sie im Alltag auch vorkommen können. Alltagsrechnen besteht zum großen Teil aus Aufgaben, die mehrere Anforderungen gleichzeitig enthalten. Dabei ist es notwendig, dass die kognitiven Teilleistungen miteinander verknüpft und in einer optimierten Reihenfolge abgerufen werden.

Während der Rehabilitation werden diese Alltagsrechenoperationen optimalerweise therapeutisch begleitet trainiert, damit die Patienten nach und nach immer unabhängiger werden und sich und ihre restlichen Einschränkungen sehr gut kennen.

Die hier vorliegenden Textaufgaben sind als Arbeitsmaterial für diese Vorbereitung auf ein selbstständiges Leben gedacht. Sie beziehen sich auf verschiedene Lebensbereiche des erwachsenen Menschen und orientieren sich an der Lebenswirklichkeit des Patienten.
Idealerweise arbeitet der Patient zuerst mit Textaufgaben aus dem Kapitel „Start". Hier sind die einfachsten Aufgaben zu finden.
Wurden diese Aufgaben bewältigt, können die Aufgaben der folgenden Kapitel bearbeitet werden. Für diese Kapitel gibt es keinen aufbauenden Verlauf, d.h., die Schwierigkeitsgrade der Aufgaben innerhalb eines Kapitels wechseln.
Den Abschluss bildet das Kapitel „Komplexe Aufgaben", in dem die schwierigsten und anspruchsvollsten Aufgaben zu finden sind. Sie stellen eine besondere Herausforderung für Rechner dar, die sich ihre Ausdauer und Leistungsfähigkeit beweisen wollen.

Bei der Zusammenstellung der Übungsaufgaben war es mir wichtig, Arbeitsmaterial für die Ergotherapie zur Verfügung zu stellen, das schnell zur Hand ist und bei dem die Vorlieben und alltäglichen Notwendigkeiten des Patienten berücksichtigt werden können. In allen Kapiteln gibt es deshalb Aufgaben zur Addition, Subtraktion, Division und Multiplikation. Die Kapitel werden bewusst nicht nach Rechenarten gegliedert, um keine Langeweile aufkommen zu lassen. Außerdem gehe ich davon aus, dass zur Vorbereitung bereits einschlägiges Rechenmaterial verwendet wurde und die kognitive Basis zur Bewältigung dieser Textaufgaben vorhanden ist. Im Grunde sollte der Anwender dieser Textaufgaben, zumindest für eine gewisse Zeitspanne, die Aufgaben selbstständig bearbeiten können.

Das Material wurde so gestaltet, dass neben jeder Textaufgabe genügend Platz auf dem Blatt vorhanden ist, um Rechenschritte schriftlich durchzuführen. Für die komplexen Rechenaufgaben des letzten Kapitels benötigt man ein zusätzliches Arbeitsblatt.

Zum Kapitel „Komplexe Aufgaben"

Die komplexen Textaufgaben des letzten Kapitels stellen sozusagen die Kür dieses Therapiematerials dar. Sie fordern neben planerischem Denken Logik und Selbstorganisation. Es kann notwendig sein, dass die guten Rechner, die diese Aufgaben durchführen wollen, immer wieder therapeutische Unterstützung durch Rückmeldung und Begleitung bei der Durchführung benötigen.
Die Bearbeitung dieser Aufgaben kann sich über mehrere Therapiestunden erstrecken und fordert von den Patienten einiges an Ausdauer, Gedächtnisleistungen und Umstellungsfähigkeit sowie nicht zuletzt Geduld. Die „Komplexen Aufgaben" sind für Patienten mit noch geringer Frustrationstoleranz und/oder kognitiver Ausdauer unter ca. einer Stunde nicht geeignet.

Zum Gebrauch des Taschenrechners

Der Einsatz eines Taschenrechners ist grundsätzlich nicht notwendig, da die Aufgaben auch schriftlich ausgerechnet werden können. Zur Kontrolle sind die Lösungen im Anhang zu finden. Bei den Ergebnissen wurde ab der 3. Stelle gerundet. Die Arbeit mit einem Taschenrechner kann allerdings auch ein Therapieziel darstellen, deshalb liegt es an der Therapieplanung, ob er zum Einsatz kommt oder nicht.

Voraussetzungen, die der Patient mitbringen muss, um mit den vorliegenden Textaufgaben zu arbeiten

- Gutes Textverständnis
- Sicherheit im Umgang mit den Grundrechenarten
- Schreibfähigkeit
- Grundkenntnisse von Maßen und Gewichtseinheiten, Zeit- und Monatseinheiten, Längenmaße, Uhrzeit, Geldwert, Hohlmaße
- Spaß am Rechnen

Zielgruppe dieser Textaufgaben

- Menschen nach erworbenen Hirnschädigungen, die die Rechenoperationen im Alltag beherrschen wollen
- Erwachsene mit Einschränkungen im Alltagsrechnen, die anhand von Textaufgaben ihre Rechenfähigkeiten (wieder) aufbauen, trainieren und/oder stabilisieren wollen

Diese Aufgaben werden innerhalb der Ergotherapie als Therapiemittel eingesetzt, um mit den Patienten die Umsetzung verschiedener Rechenoperationen auf alltägliche Situationen zu trainieren.

Folgende Fähigkeiten können mit den Textaufgaben trainiert werden

- Kopfrechnen
- Schriftliches Rechnen
- Überschlagen von Ergebnissen
- Einschätzen von Kosten/Nutzen
- Umgang mit Maßen, Zeiteinheiten, Gewichten, Geldwert
- Vorausschauendes Planen
- Komplexes Denken
- Selbsteinschätzung

Der optimale Ablauf

- Mit den leichtesten Aufgaben starten
- Die Reihenfolge der Themenbereiche nach Interesse wählen
- Den Schwierigkeitsgrad nach Belieben steigern

Therapieziele

- Sicherer und flexibler Umgang mit den Grundrechenarten
- Vollständige Bearbeitung eines Themenbereichs
- Selbstständiges Arbeiten
- Steigerung des Arbeitstempos
- Bewältigung komplexer Aufgaben
- Durchführung von Rechenoperationen im eigenen Alltag

Start

1. Uhrzeit
Jetzt ist es 11 Uhr 13 Minuten.

Aufgabe
Wie spät ist es in 10 Minuten?

2. Regal
In einem Bücherregal stehen auf 6 Böden 156 Bücher.

Aufgabe
Wie viele Bücher haben durchschnittlich auf einem Brett Platz?

3. Viertelstunden
Die Uhr zeigt 16.30 Uhr. Sie haben um 12.15 Mittag gegessen.

Aufgabe
Wie viele Viertelstunden liegen dazwischen?

Lösungen s. S. 97

4. Fahrrad

Mit dem Fahrrad fährt man 15 km in der Stunde.

Aufgabe
Wie lange benötigt man für 75 km?

5. Sekunden

Aufgabe
Wie viele Sekunden hat eine halbe Minute?

6. Pfandflaschen

Sabine darf für ihre Oma 5 Pfandflaschen zurückbringen und das Pfandgeld behalten. Pro Flasche bekommt sie 20 Cent. Ein Überraschungsei kostet 90 Cent.

Aufgabe
Kann sie sich ein Überraschungsei kaufen?

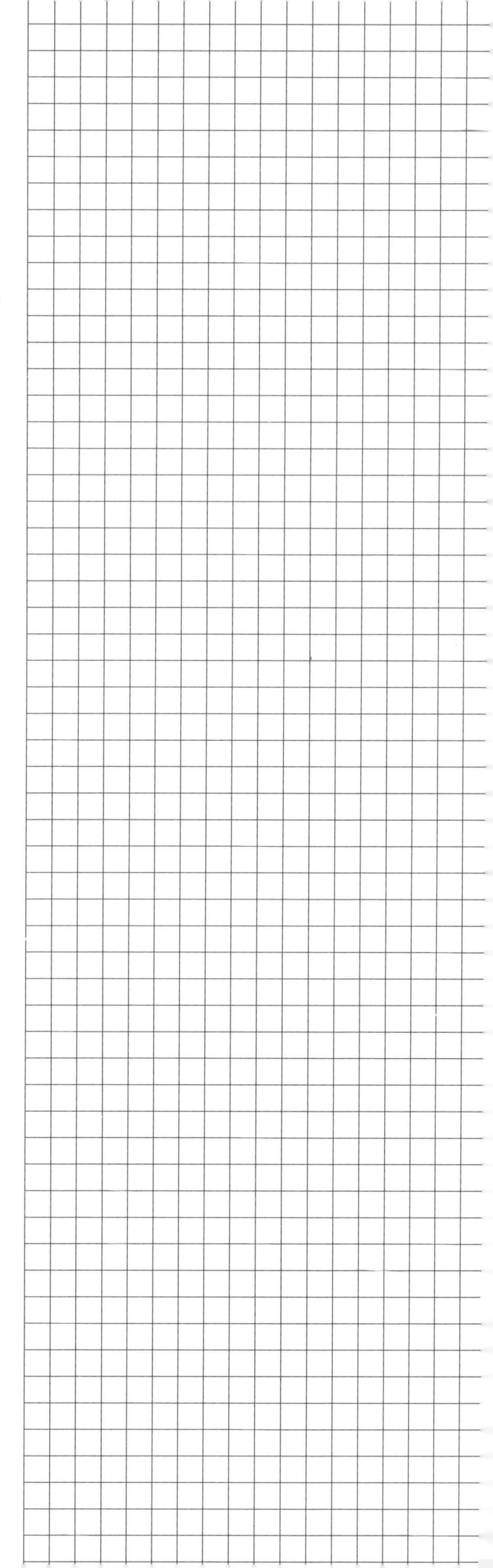

7. Pullover

Für einen selbst gestrickten Pullover braucht man 650 g Wolle. Ein Knäuel wiegt 50 g.

Aufgabe
Wie viele Knäuel braucht man für einen Pullover?

8. Gewinn

Sie haben einen Gewinn in Höhe von 1.000 Euro gemacht. Davon buchen Sie eine Kurzreise für 890,00 Euro.

Aufgabe
Wie viel Geld bleibt Ihnen für neue Lose übrig?

9. Wohnung

Eine Eigentumswohnung kostet 249.600 Euro. Sie haben 67.000 Euro Eigenkapital.

Aufgabe
Wie hoch muss Ihr Kredit sein?

Auto und Reisen

1. Reifendruck
Ihre Autoreifen brauchen wieder mal Luft. Der Reifendruck soll 2,2 bar betragen.

Aufgabe
Wie viel müssen Sie in den ersten Reifen pumpen, wenn er noch 1,3 bar hat?

2. Pauschalreise
Sie sehen ein Pauschalangebot im Reisebüro: für 4 Personen 2 Wochen Aufenthalt in Gran Canaria für insgesamt 2.899,00 €.

Aufgabe
a) *Was zahlt eine Person für die 2 Wochen?*

b) *Wie viel würde ein Kegelclub mit 20 Personen bezahlen?*

c) *Ab 15 Personen gibt es pro Person 20% Rabatt auf den Reisepreis. Wie hoch ist die Rabattsumme für den Kegelclub?*

Lösungen s. S. 97

3. Ausflug

Sie planen mit einer Gruppe von 35 Personen einen Ausflug an den Chiemsee. Die Schifffahrt kostet 280,00 €, die Eintrittspreise 218,75 €.

Aufgabe
Wie viel Geld muss jede Person für den Ausflug einplanen?

4. Kran

Ein LKW-Kran hebt maximal 1,5 Tonnen. Es sind 5 Paletten Dachziegel abzuladen. Jede Palette wiegt 375 kg.

Aufgabe
a) Welches Gesamtgewicht hat der Palettenstapel?

b) Kann der Kran den Stapel auf einmal anheben oder muss er die Ladung in mehreren Teilen aufladen?

5. Benzinpreis

Der Benzinpreis ist derzeit bei 95 Cent pro Liter. Sie tanken 43 Liter.

Aufgabe
Wie viel kostet die Tankfüllung?

6. Tanken

Ihr Benzintank fasst 45 Liter. 13 Liter sind noch drin.

Aufgabe
Wie viel Benzin können Sie tanken?

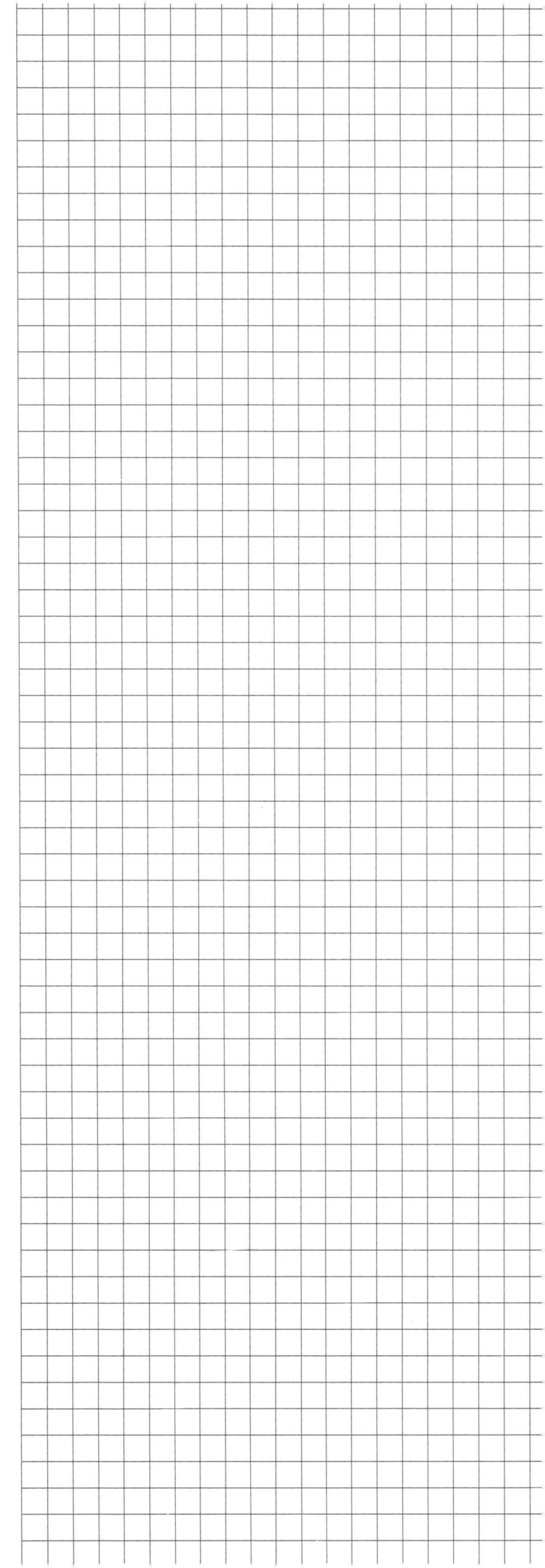

7. Sattelschlepper

Ein Sattelschlepper ist für 21 Tonnen Zuladung zugelassen. Er soll 14 PKW`s transportieren, die folgende Gewichte haben: 5 x 967 kg, 3 x 1,22 t und 6 x 1150 kg.

Aufgabe
a) Auf wie viel Tonnen Gesamtgewicht kommen die Autos?

b) Kann der Lastwagen die 14 Autos transportieren?

8. Führung

Eine Führung im Museum kostet für eine Person inkl. Eintritt 8,90 €. Kinder bezahlen die Hälfte.

Aufgabe
Wieviel kostet der Museumsbesuch Ihren Freundeskreis von 17 Personen (10 Erwachsene, 7 Kinder) wenn man ab 10 Personen 15 % Ermäßigung erhält? Kinder werden hierbei auch berücksichtigt.

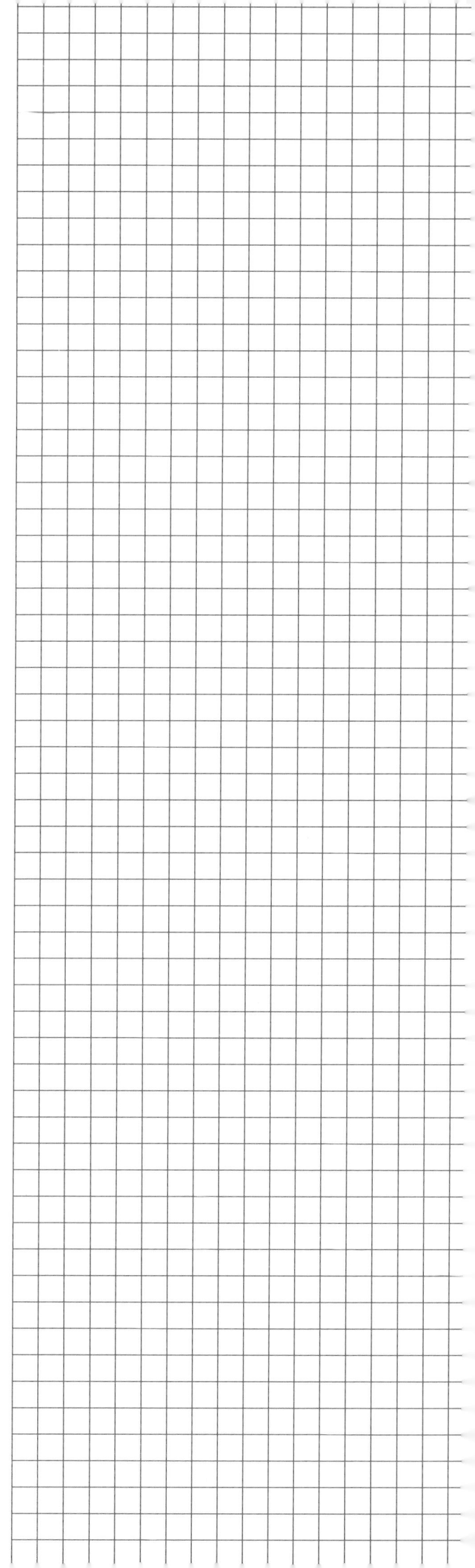

9. Fahrt ins Blaue

Es war ein schöner Tag und Familie Thaler ist zwischen 8.00 morgens und 17.00 Uhr abends 450 km gefahren. Sie haben 2-mal für je 1,5 Stunden angehalten.

Aufgabe

a) Wie viele Stunden hat die Familie im Auto gesessen?

b) Wie hoch war ihre durchschnittliche Geschwindigkeit?

10. Kiew-Reise

Im Reisekatalog wird ein 4-tägiges Besichtigungsprogramm in Kiew angeboten. Jeden Tag sind die Teilnehmer von 7.30 Uhr bis 19.00 Uhr auf Besichtigungstour unterwegs und machen jeweils 2 Stunden Mittagspause.

Aufgabe

Wie viele Stunden dauert das Besichtigungsangebot der Reise insgesamt?

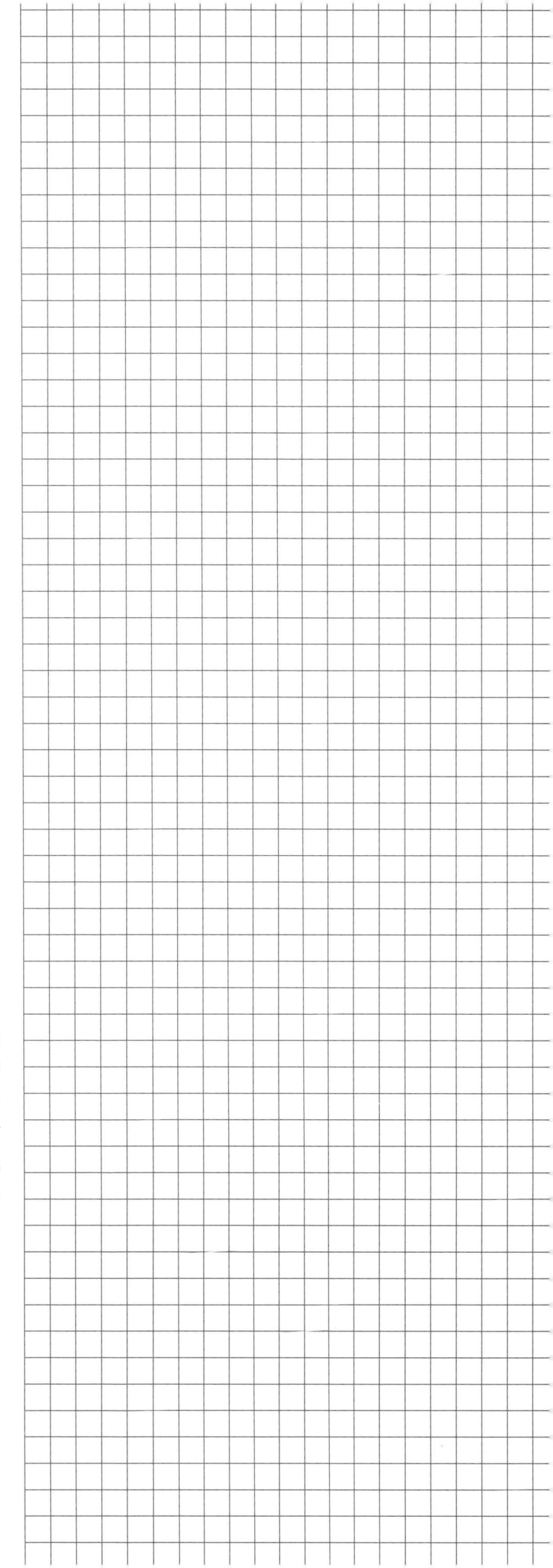

Dies und Das

1. Stricknadel

Auf einer Stricknadel sind 170 Maschen. In jeder 2. Reihe sollen am Anfang und am Ende der Reihe je 2 Maschen abgenommen werden. Das wird insgesamt in 36 Reihen so gemacht.

Aufgabe
Wie viele Maschen sind am Ende noch auf der Nadel?

2. Therme

Der Gutschein für den Besuch der Therme, den Sie geschenkt bekommen haben, beträgt 150,00 €. Sie möchten ihn mit Freunden nutzen. Der Eintritt pro Person inkl. Sauna beträgt 25,00 €.

Aufgabe
Wie viele Personen können in die Sauna?

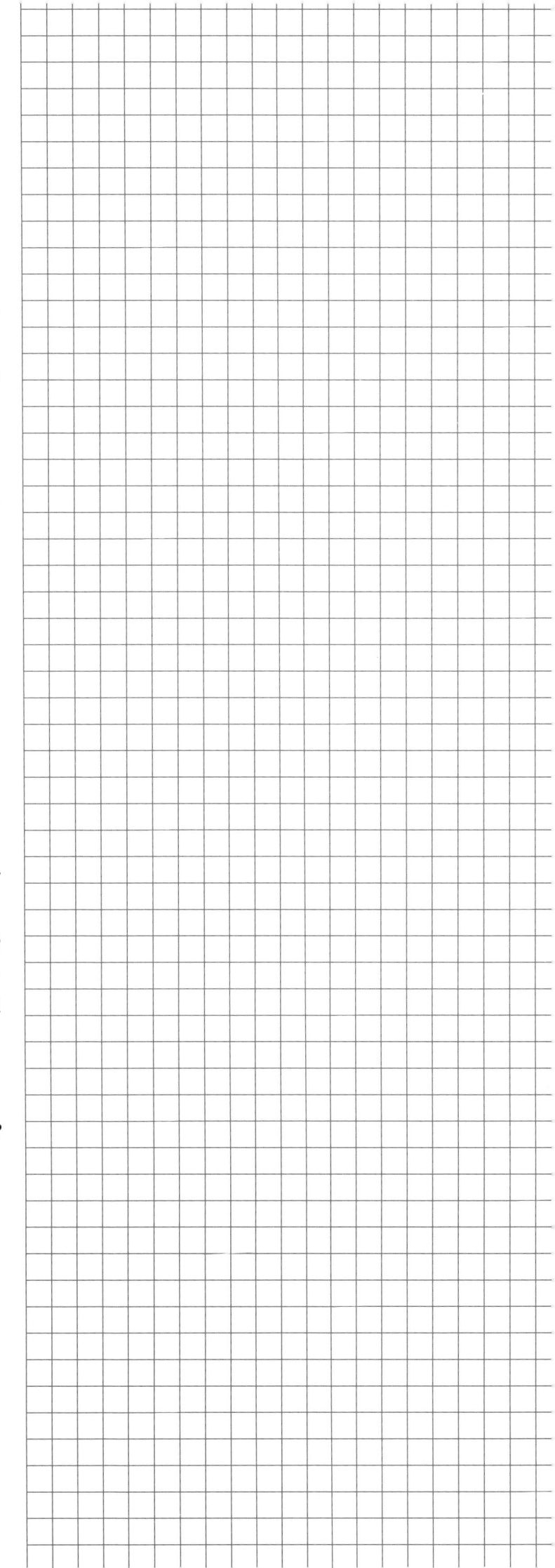

Lösungen s. S. 97

3. Buskarte

Eine Jahreskarte für den öffentlichen Nahverkehr kostet 395,00 €. Eine Monatskarte kostet 40,00 €.

Aufgabe

a) Wie viel Geld sparen Sie monatlich mit der Jahreskarte?

b) Im Sommer fahren Sie insgesamt etwa 3 Monate mit dem Fahrrad. Lohnt es sich jetzt immer noch, eine Jahreskarte zu kaufen?

4. Häuserreihe

In einer Straße gibt es Hausnummern von Nummer 1 bis Nummer 47. Auf der rechten Straßenseite befinden sich die geraden, auf der linken Seite die ungeraden Ziffern.

Aufgabe

Wie viele Häuser stehen auf der linken Seite?

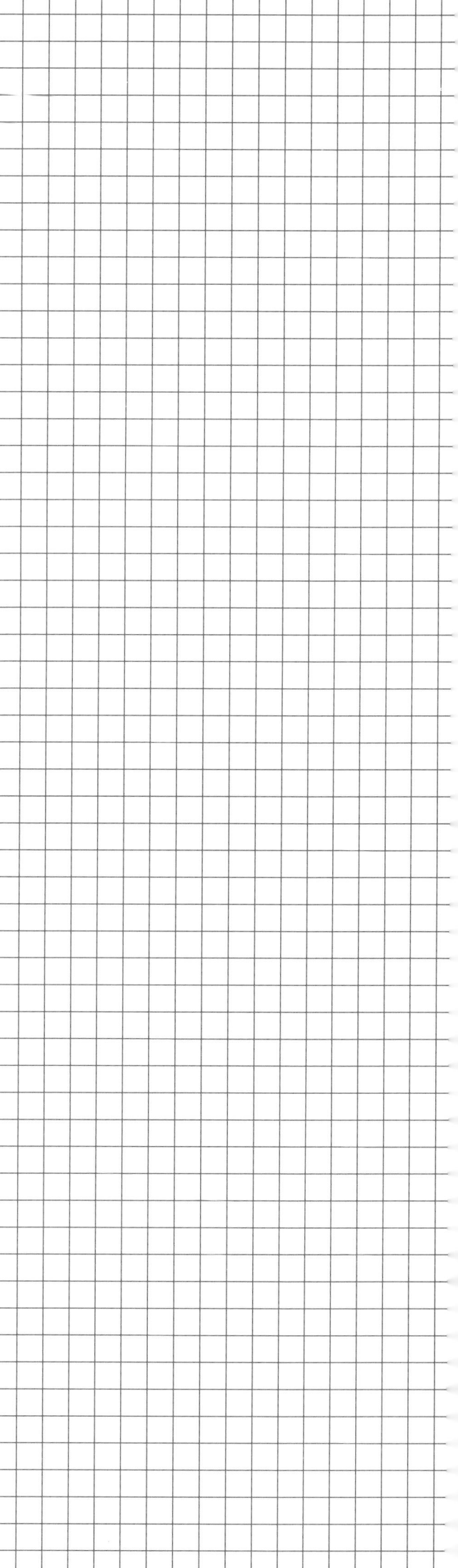

5. Handwerker

Sie bekommen eine Rechnung über 2.759,00 € ins Haus. Sie erinnern sich, dass der Gartenarchitekt für die Neugestaltung Ihres Gartens 2 Tage je 8 Stunden gearbeitet hat.

Aufgabe
Errechnen Sie seinen Stundenlohn.

6. Stufen

Sie sind in einem fremden Haus und haben sich im Treppenhaus verlaufen, d.h., Sie wissen nicht, ob Sie sich schon im 3. Stock befinden. Sie stehen inzwischen auf Stufe 143 und wissen, dass es pro Stockwerk 38 Stufen gibt.

Aufgabe
Müssen Sie nun nach oben oder nach unten weitergehen, um den 3. Stock zu erreichen?

7. Webrahmen

Um einen Webrahmen zu bespannen, brauchen Sie 50 Kettfäden à 1,25 m. Auf einer Spule befinden sich noch ca. 80 m.

Aufgabe
Wie viele Meter bleiben nach dem Aufspannen der Kette noch übrig?

8. Gewicht

Sie können 12 Kilo auf Ihrem Rad transportieren. Sie haben im Einkaufswagen schon 3 Packungen Eis zu je 250 g, 2 Kilo Mehl, 4 Liter Milch, Wurst und Käse für jeweils 350 g und 240 g, 2 Kilo Kartoffeln und 2 Flaschen Wein à 750 ml.

Aufgabe
Können Sie alles auf dem Fahrrad mitnehmen?

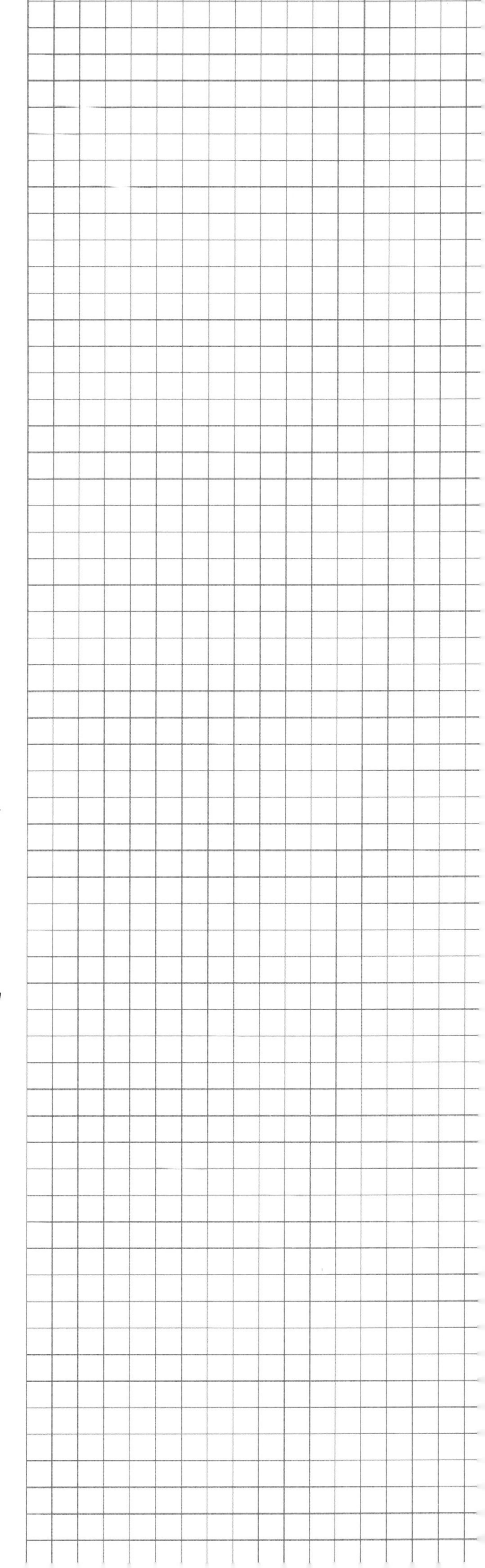

9. Strickmuster

Für ein Strickmuster braucht man 9 Maschen. Das Rückenteil eines Pullovers zählt 243 Maschen.

Aufgabe
Wie oft kann das Muster gestrickt werden?

10. Maßband

Ihr 4-jähriger Sohn zerschneidet das Maßband von 1,5 m Länge in 20 gleich lange Stücke.

Aufgabe
Wie lang ist ein Stück?

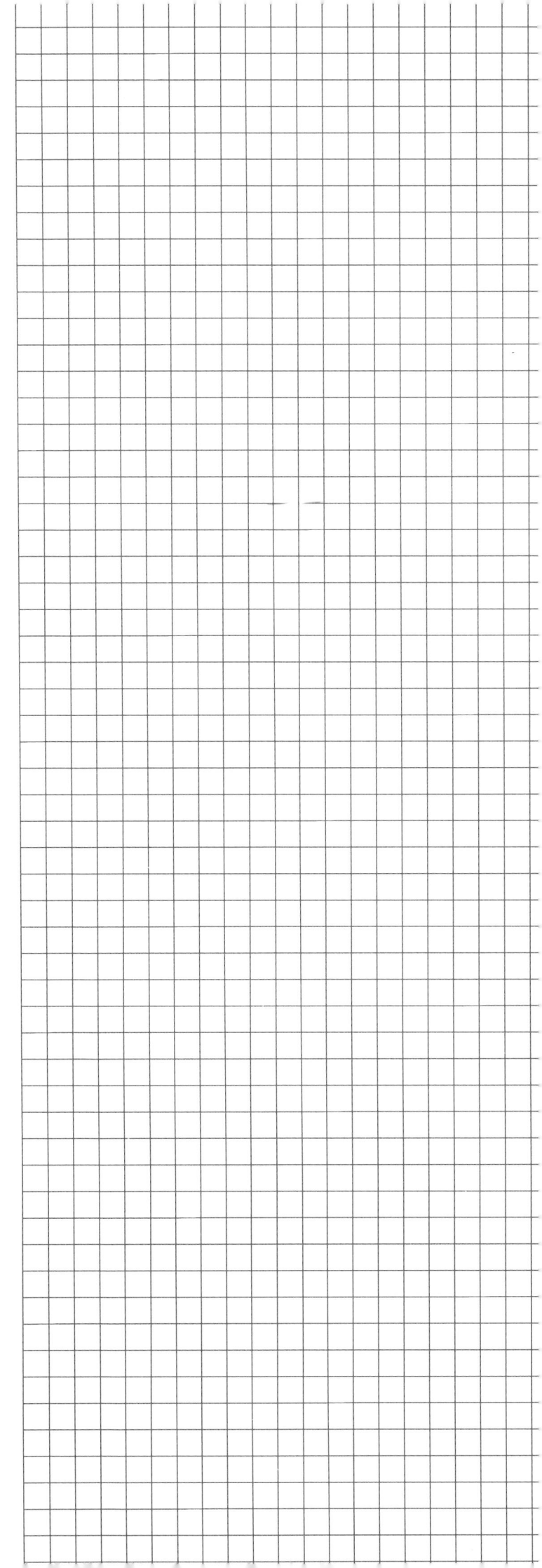

Einrichten

1. Endstücke

Für Ihre 12 Vorhangstangen möchten Sie elegante Endstücke anschaffen. 3 Stangen sollen ohne Endstück bleiben.

Aufgabe
Wie viele Endstücke brauchen Sie?

2. Küchentisch

Sie brauchen eine neue Tischdecke für den Küchentisch. Der Tisch hat die Maße 1 m x 1,50 m. Sämtliche Fertigtischdecken sind 1,50 m x 1,50 m groß.

Aufgabe
a) *Passen die Fertigtischdecken auf Ihren Tisch?*

b) *Wie wäre das ideale Maß für eine Tischdecke für Ihren Tisch, wenn Sie auf jeder Tischseite einen Überhang von 20 cm haben möchten?*

Lösungen s. S. 97f.

3. Vorhangstange

Sie brauchen eine Vorhangstange für ein Fenster von 1,40 m Breite. Auf beiden Seiten geben Sie noch 20 cm zu.

Aufgabe
Wie lang muss die Stange sein?

4. Vorhang

Sie nehmen Maß für einen Vorhang. Das Fenster ist 1,50 m breit, Sie möchten 2 Schals aufhängen. Von der Vorhangstange bis zum Boden sind es 2,35 m.
Vorhangbreite (ein Schal): 2 x die Hälfte des Fenstermaßes.
Vorhanglänge: Bodenlang, plus doppelter Saum von 20 cm.
Der Stoff hat eine Breite von 1,80 m.

Aufgabe
Wie viel Meter Stoff brauchen Sie insgesamt?

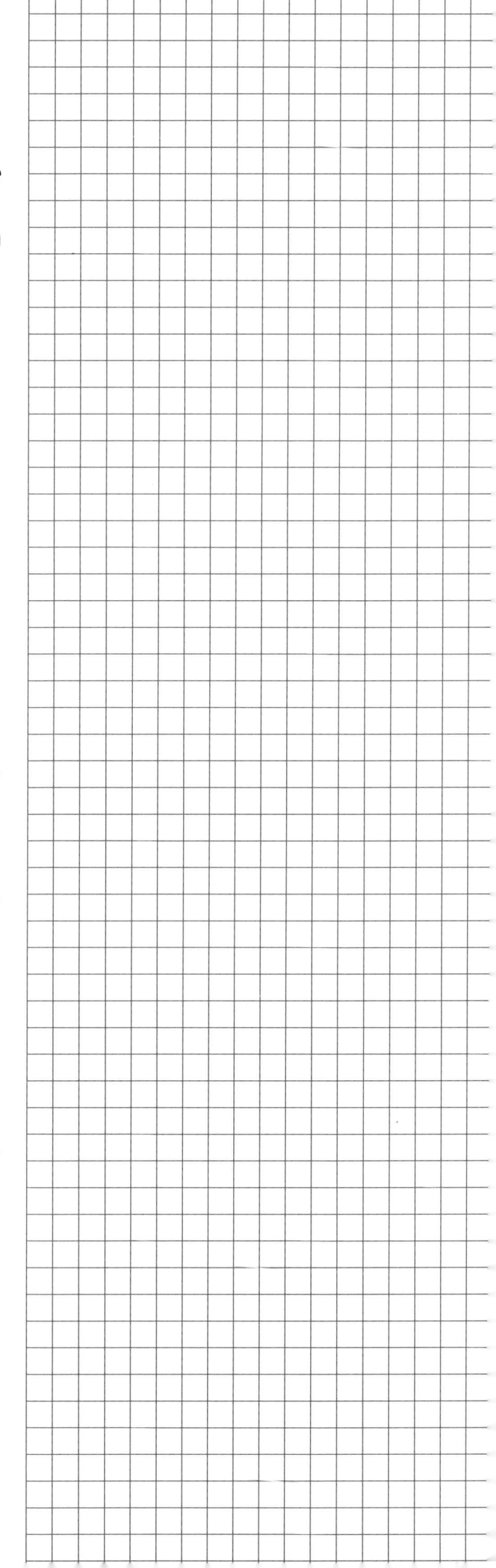

5. Noch einmal Vorhang

Sie nehmen Maß für einen Vorhang. Das Fenster ist 1,20 m breit, Sie möchten 2 Schals haben. Von der Vorhangstange bis zum Boden sind es 2,35 m.
Vorhangbreite (ein Schal): 2 x die Hälfte des Fenstermaßes.
Vorhanglänge: Bodenlang, plus doppelter Saum von 20 cm.
Der Stoff hat eine Breite von 0,90 m.

Aufgabe
Wie viel Meter Stoff brauchen Sie insgesamt?

6. Fertigvorhang

Sie sehen einen hübschen Fertigvorhang für das Kinderzimmer. Die beiden Schals sind mit Schlaufen für die Stange 1 m x 2,50 m vorbereitet. Ihr Kinderzimmerfenster hat die Breite von 2,40 m und von der Stange bis zum Boden sind 2,30 m Abstand.

Aufgabe
Passt der Vorhang an Ihr Fenster?

7. Tischdecke

Sie benötigen eine Tischdecke in den Maßen 1,20 m x 1,50 m. Die Stoffbreite beträgt 1,80 m.

Aufgabe
Wie viel Meter Stoff lassen Sie sich schneiden?

8. Kissen

Ein Schrankfach ist 40 cm hoch und 95 cm breit. Sie möchten darin Kissen verstauen, die ca. 12 cm hoch und 30 cm breit sind.

Aufgabe
Wie viele Kissen bringen Sie im Schrankfach unter?

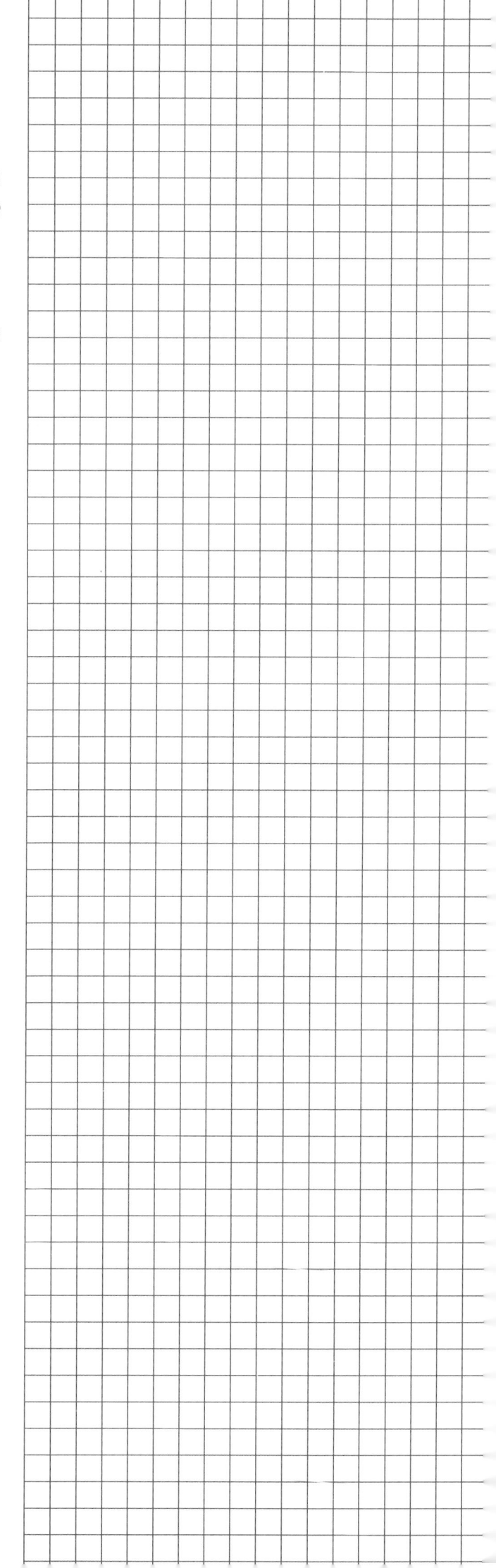

9. Türen

In einer Wohnung sind 8 Türen mit 90 cm Breite und 2,10 m Höhe.

Aufgabe
Wie viele Quadratmeter Türfläche ergibt das?

10. Vorhangringe

Frau Malte möchte verschiedene Vorhänge mit Ringen durch Vorhänge mit Schlaufen ersetzen. Sie hat vor 7 Jahren 180 Ringe gekauft und bis auf 9 Ringe alle gebraucht. Nun tauscht sie 2 Vorhänge mit je 28 Ringen aus.

Aufgabe
a) Wie viele Ringe nimmt sie ab?

b) Wie viele Ringe bleiben weiter hängen?

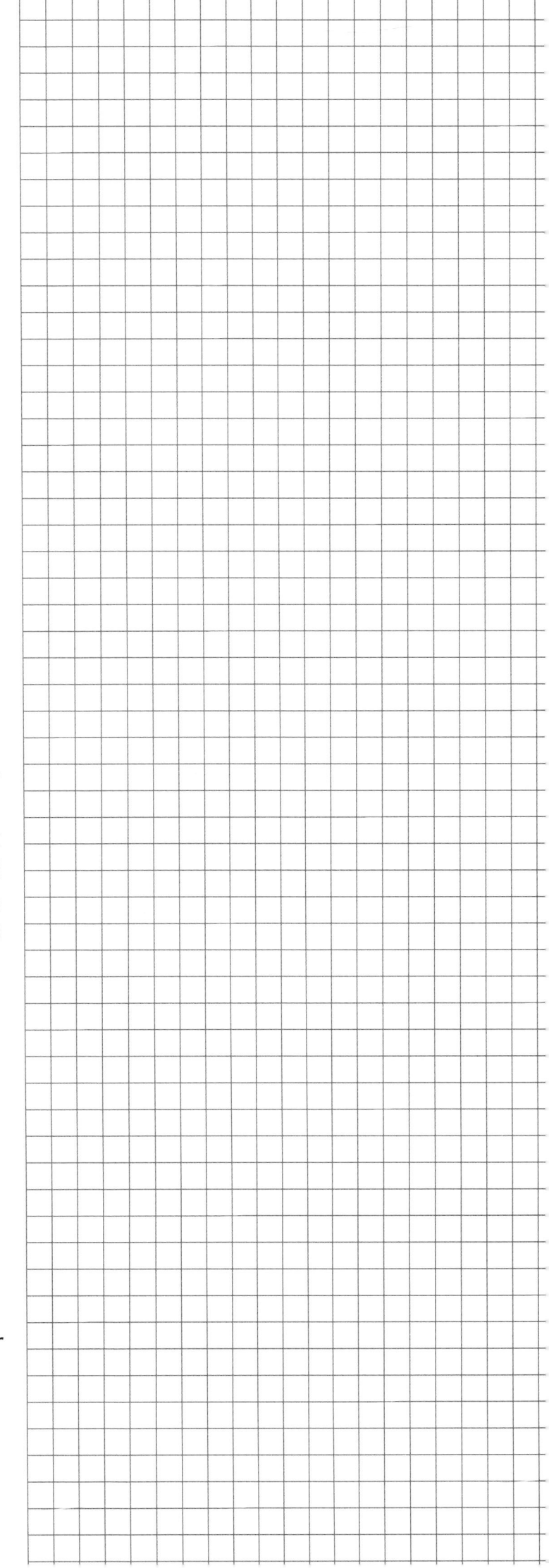

Gäste und Küche

1. Sommerfest

Sie möchten ein Sommerfest veranstalten und überlegen nun, wie viele und welche Getränke Sie einkaufen müssen.

8 Freunde trinken gerne Bier.
2 Freundinnen sind schwanger und werden Saft oder Wasser trinken.
9 Kinder trinken am liebsten Limonade bzw. Fruchtsaftschorle.
4 Frauen sind Weißweinliebhaberinnen.

Da es ein langer Abend wird, rechnen Sie pro Erwachsenen etwa 2 Liter Getränke. Vom Wein allerdings nehmen Sie an, dass pro Person ca. 0,75 l getrunken werden und pro Kind etwa 1 l Saft/Wasser getrunken werden.

Aufgabe
Wie viele Liter Bier, Saft, Wasser, Weißwein brauchen Sie nach diesen Annahmen?

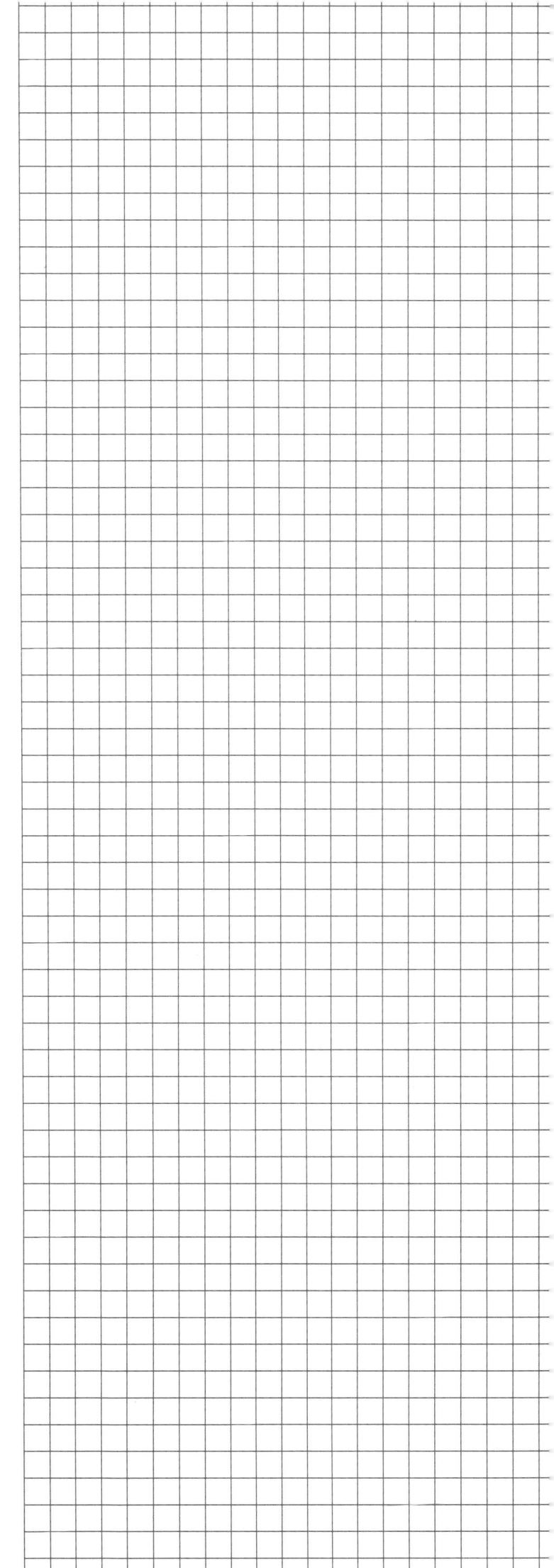

Lösungen s. S. 98

2. Grillfest

Für Ihr Grillfest planen Sie Fleisch und Würstchen einzukaufen. Sie erwarten 12 Gäste, davon 4 Kinder. Die Kinder haben meist einen guten Appetit und Sie rechnen pro Kind 3 Würstchen. Die 5 Frauen essen in der Regel mehr Salat, Sie rechnen 1 Putenschnitzel für jede Frau ein. Die Männer lieben Koteletts und essen im Durchschnitt 1,5 Stück davon.

Aufgabe
Wie viele Koteletts, Putenschnitzel und Würstchen müssen Sie kaufen?

3. Gulasch

Sie möchten heute für 4 Personen Gulasch kochen und eine Portion (für 4 Personen) zum Einfrieren gleich dazu. Sie wissen, dass pro Person etwa 100 g Fleisch gegessen werden und kaufen entsprechend ein.

Aufgabe
Wie viel Fleisch müssen Sie beim Metzger kaufen? (Angabe in kg)

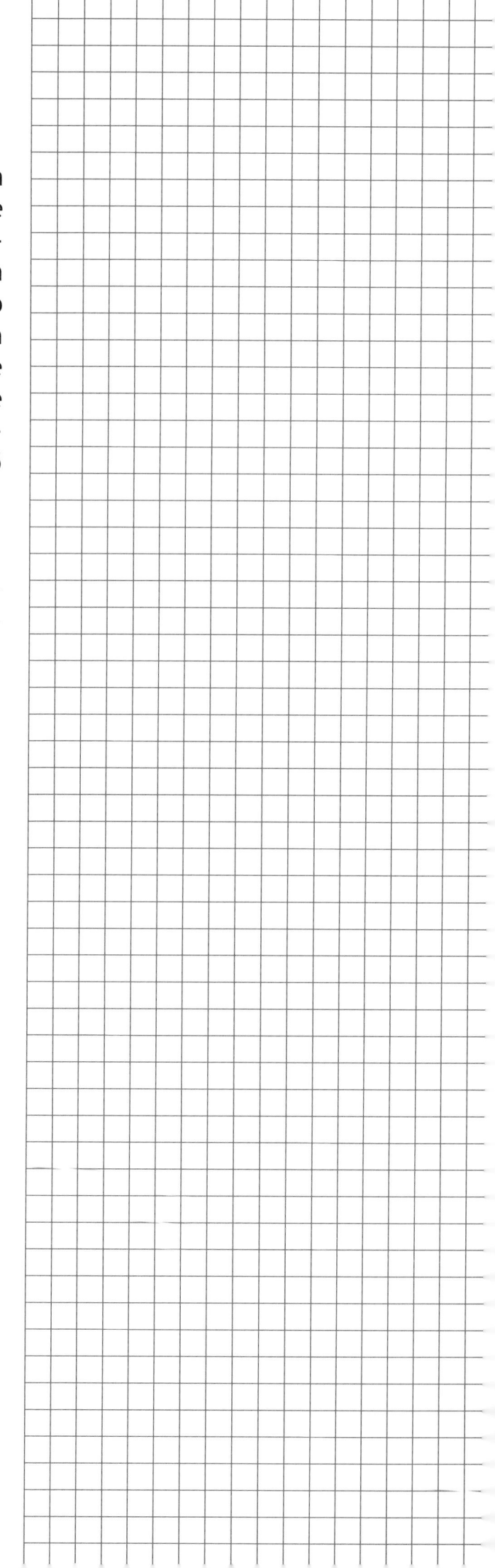

4. Grillfeuer

Ein Grillfeuer brennt am Abend etwa 4 Stunden. Pro Stunde verbrennen 350 g Kohle.

Aufgabe
Wie viel Kilogramm Kohle brauchen Sie für einen Abend?

5. Getränke

Sie haben noch 10 Flaschen Bier à 0,3 l im Haus und erwarten 5 Gäste. Nach Ihrer Erfahrung trinken Ihre Gäste insgesamt etwa 5 Liter Bier.

Aufgabe
Reicht Ihr Biervorrat für diesen Abend aus?

6. Gugelhupf

Folgendes Rezept für einen Gugelhupf steht im Kochbuch:

300 g Butter
150 g Puderzucker
150 g Kristallzucker
4 Eidotter
4 Eiklar
240 g Mehl, glatt
60 g Rosinen
1 Päckchen Vanillinzucker (5g)
50 g Zitronenschale

Aufgabe

a) Wie viel Gramm Rohmasse ergibt das? (Pro Ei rechnet man etwa 50 g)

Sie wollen einen kleineren Kuchen backen und entscheiden sich, jeweils die Hälfte der Mengenangaben zu verwenden.

b) Schreiben Sie sich das Rezept mit der jeweils halbierten Mengenangabe neu auf.

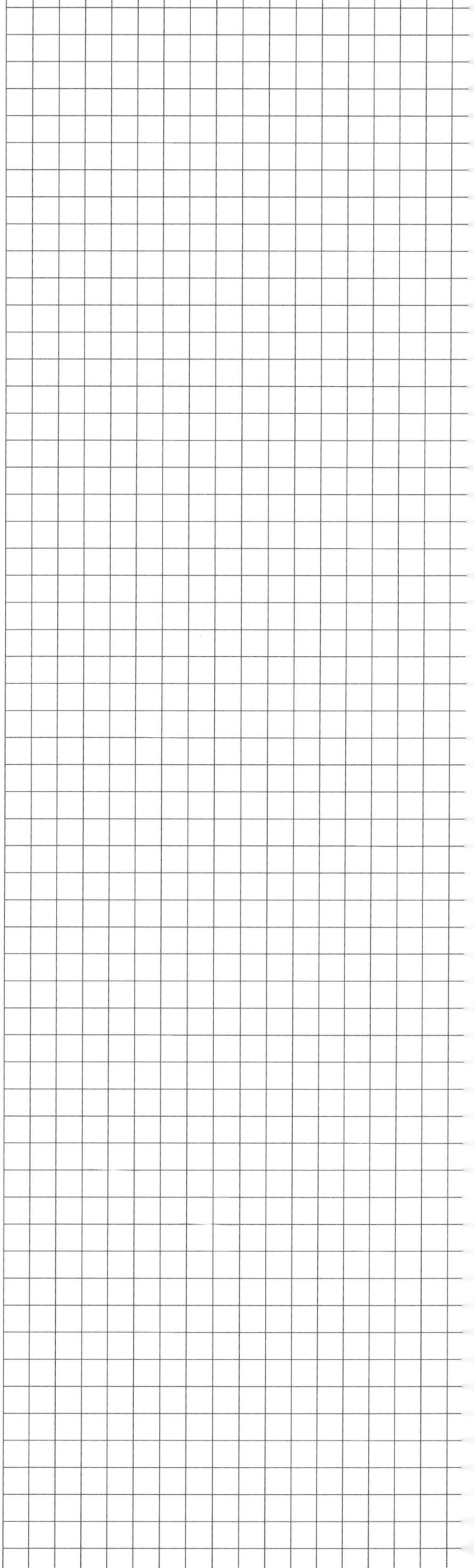

7. Kompott

Eine Nachbarin hat Ihnen einen Korb mit Kochäpfeln gebracht und Sie möchten daraus Apfelmus kochen. Dazu müssen Sie die geviertelten Äpfel weich kochen und durch ein Sieb passieren. Von der ursprünglichen Menge bleibt dann etwa ein Drittel als Mus übrig. In dem Korb sind 4,5 kg Äpfel.

Aufgabe

a) Wie viel Kilogramm Apfelmus werden Sie somit erhalten?

Sie haben mehrere leere Gläser, die jeweils 250 g Apfelmus fassen.

b) Wie viele Gläser können Sie mit dem Apfelmus füllen?

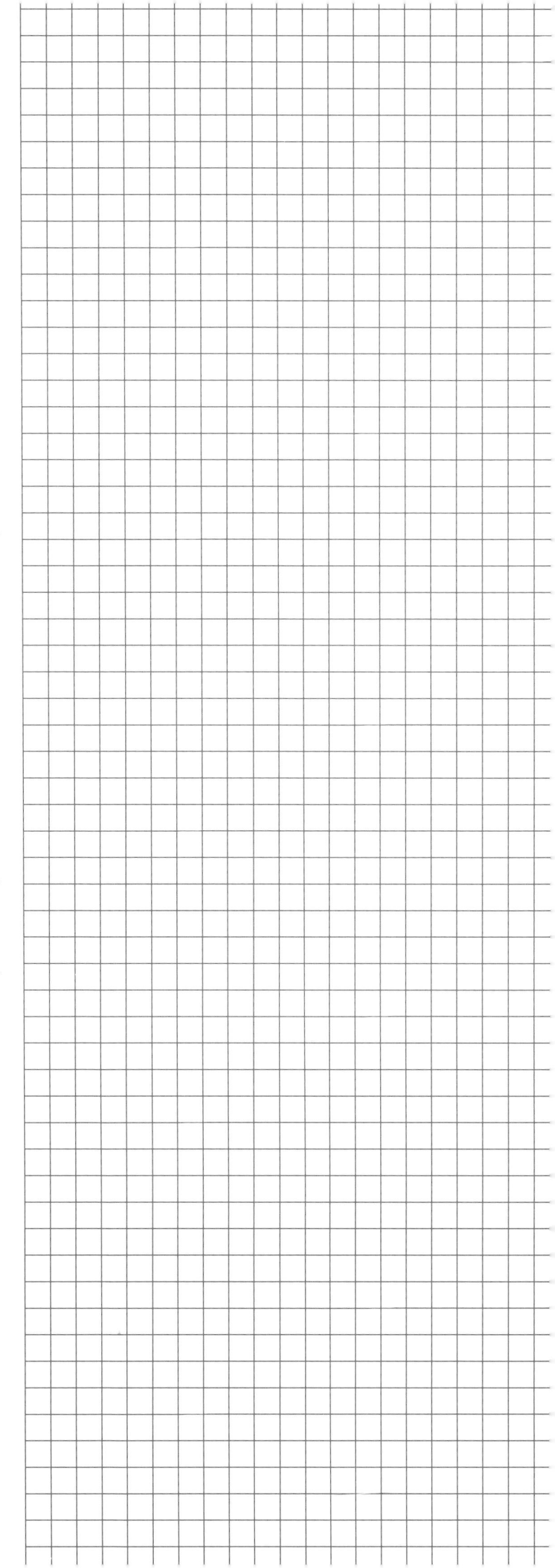

8. Bowle

Zu Silvester möchten Sie endlich mal wieder eine Früchtebowle trinken. Ihr Bowlentopf fasst 3 Liter und diese Menge würde Ihnen auch reichen. Nun stehen im Rezept folgende Angaben: Auf ein Teil Mineralwasser kommen 2 Teile Sekt und 1,5 Teile Weißwein. Früchte nach Belieben, jedoch nicht mehr als Wasser (1 kg entspricht 1 Liter).

Aufgabe

a) Wie viel Liter dürfen Sie von jedem Getränk nur nehmen, damit die Bowle in den Topf passt?

b) Wie viel ergibt sich, wenn noch Früchte hinzu gefügt werden?

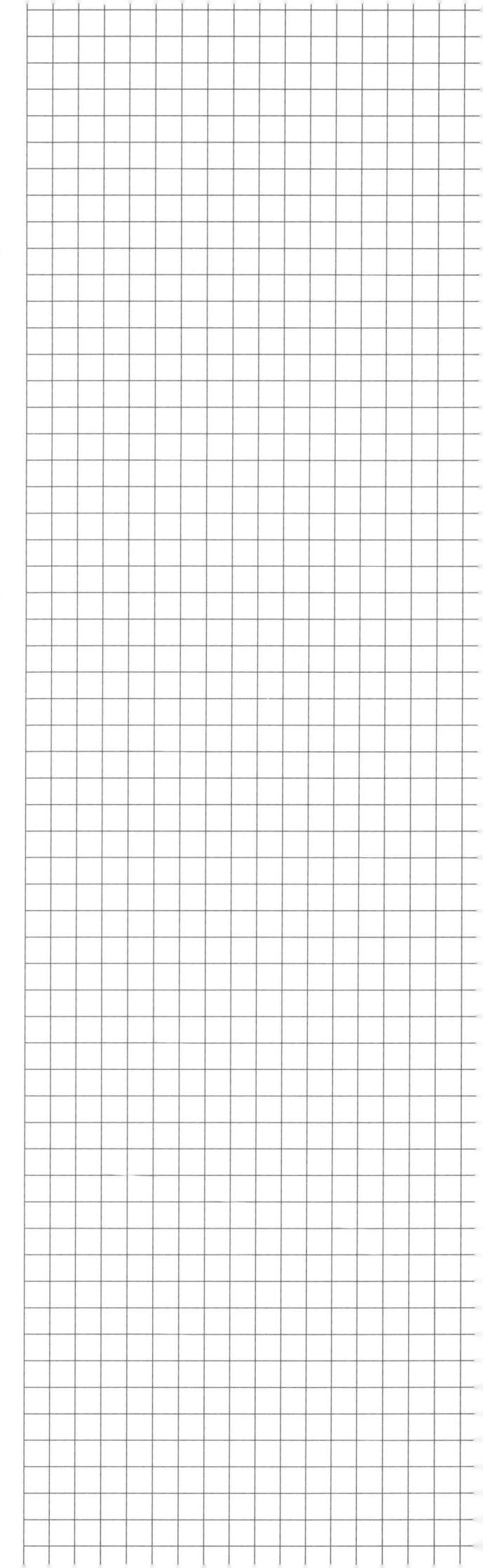

9. Muffins

Sie möchten Ihren Schokoladenkuchenteig diesmal in der Muffinform backen. Pro Muffin braucht man 30 g Teig. Ihre Form hat Platz für 12 Muffins.

Aufgabe

a) Wie viel Gramm Teig brauchen Sie für die 12 Muffins?

Nach Ihrem üblichen Schokoladenkuchenrezept erhalten Sie ein halbes Kilo Teig.

b) Wie viele Muffins lassen sich daraus backen?

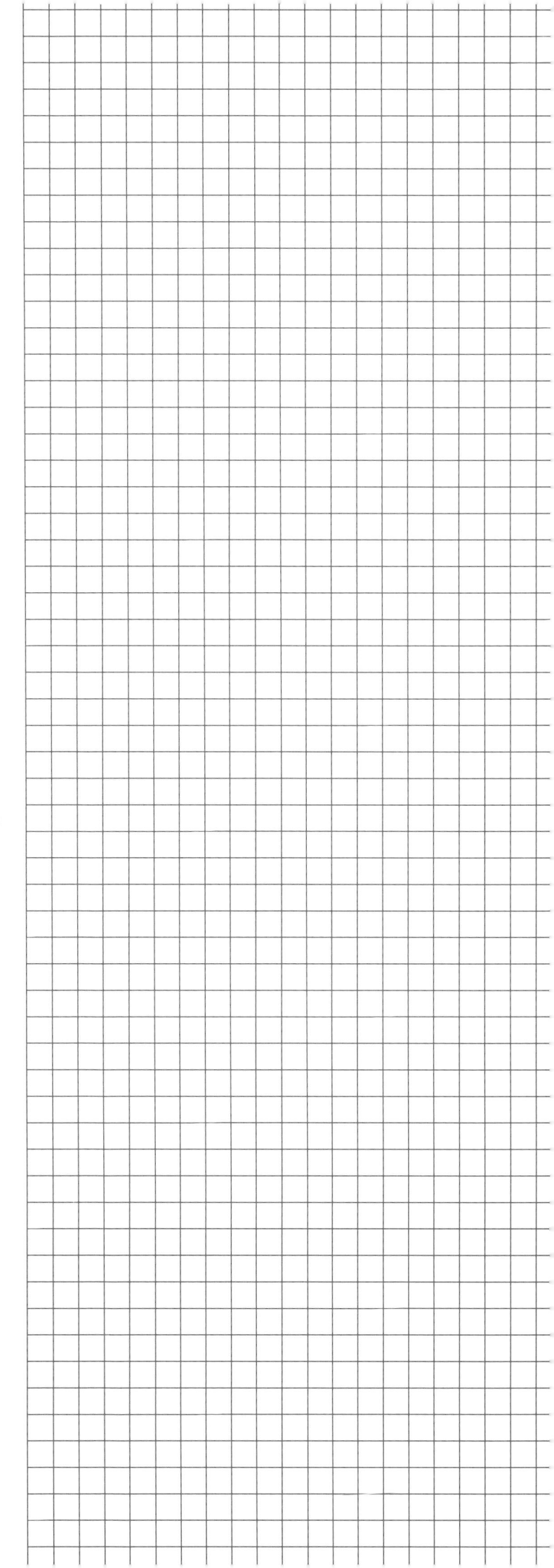

Geld

1. Werbungskosten

Für die Steuererklärung haben Sie Ihre Belege herausgesucht und wollen nun wissen, wie viel Sie an Werbungskosten ausgegeben haben (alle Angaben in Euro).

1 Paar Arbeitsschuhe 32,00 €, 2 Fachbücher 86,00 €, Messebesuch inkl. Fahrt 230,54 €, Berufsverband 220,00 €, Kirchenbeitrag 56,80 €, Computerkurs 347,12 €.

Aufgabe

a) Berechnen Sie die Gesamtsumme Ihrer Werbungskosten.

b) Um wie viel liegt die Gesamtsumme über der Werbungskostenpauschale von 920,00 €?

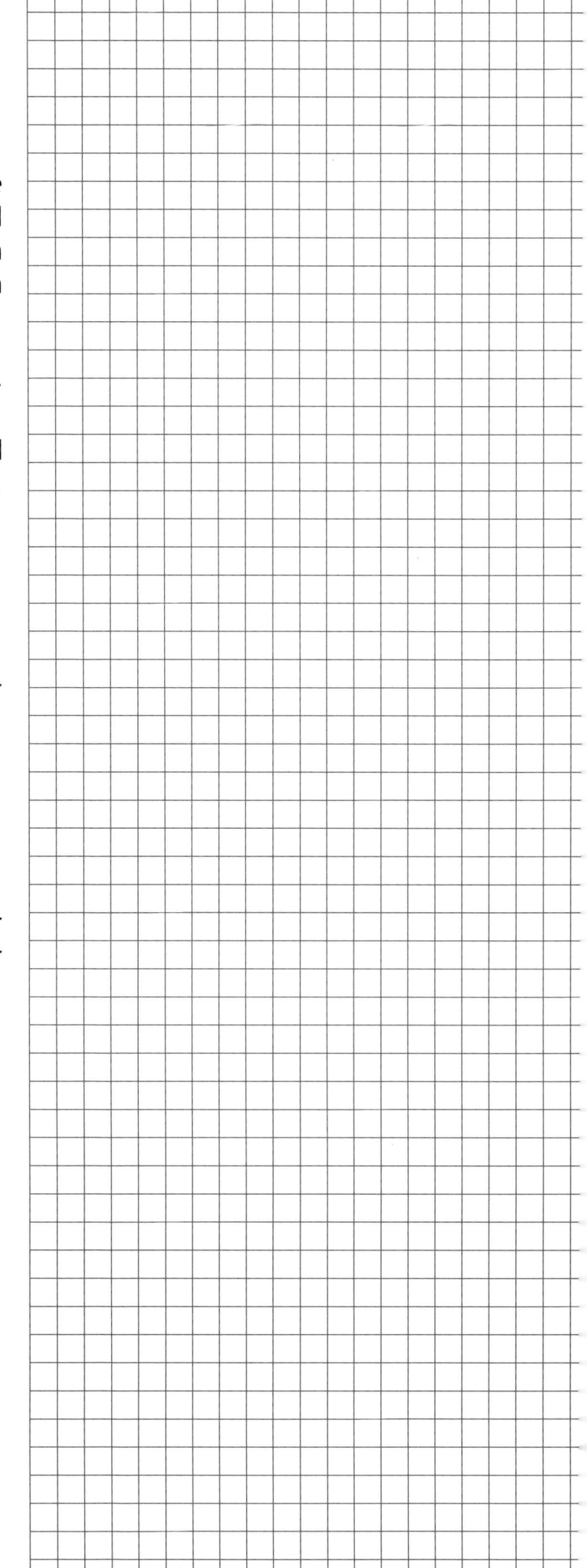

Lösungen s. S. 98f.

2. Nettoeinkommen

Ihr Jahresbruttoeinkommen im vergangenen Jahr betrug 32.744,30 €. Davon wurden 5.309,79 € Lohnsteuer und 3.979,00 € Sozialversicherung einbehalten.

Aufgabe

Wie hoch war Ihr Nettoeinkommen?

3. Versicherungen

Sie möchten wissen, wie viel Sie im Jahr an Versicherungsprämien zahlen. Laut Ihren Kontoauszügen betrugen die Prämien:

Januar bis August:
monatlich 148,97 €

September bis Dezember:
monatlich 153,41 €

Aufgabe

Wie hoch waren Ihre Ausgaben für Versicherungen in diesem Jahr?

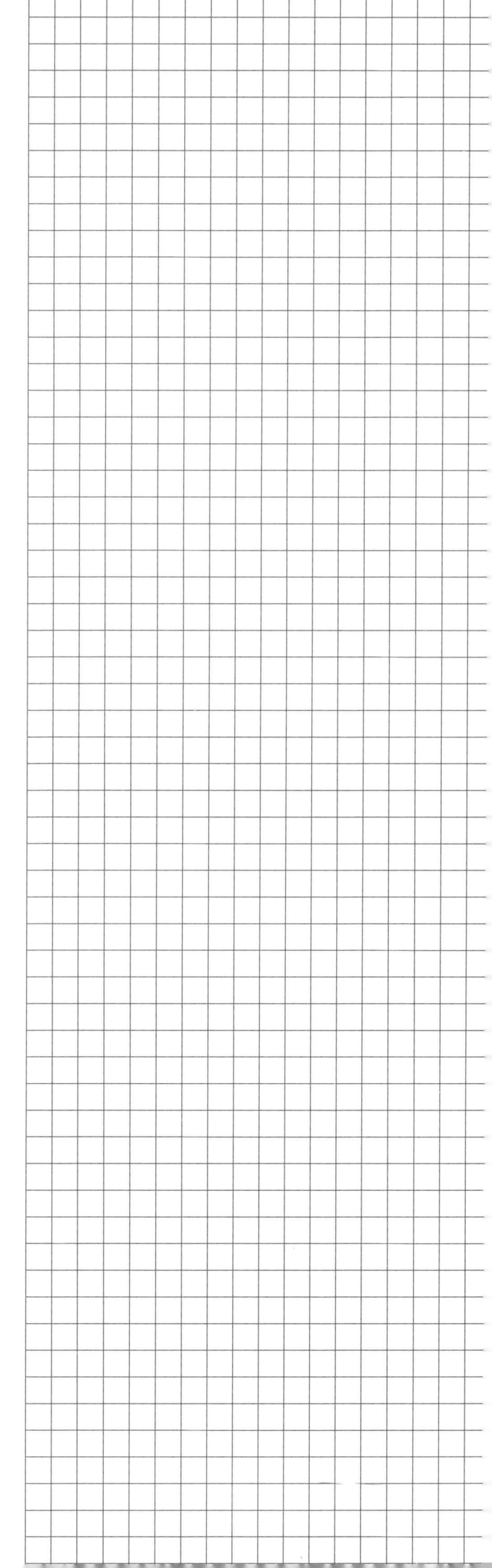

4. Unfallversicherung

Sie vergleichen zwei private Unfallversicherungen und wollen natürlich mit der günstigeren Gesellschaft einen Vertrag abschließen:

Gesellschaft A:
monatliche Prämie 23,40 €,
bei jährlicher Zahlung erhalten Sie einen Bonus von 13.- € im Jahr

Gesellschaft B:
monatliche Prämie 21,76 €,
Zahlweise egal

Aufgabe
Mit welcher Gesellschaft schließen Sie den Vertrag ab?

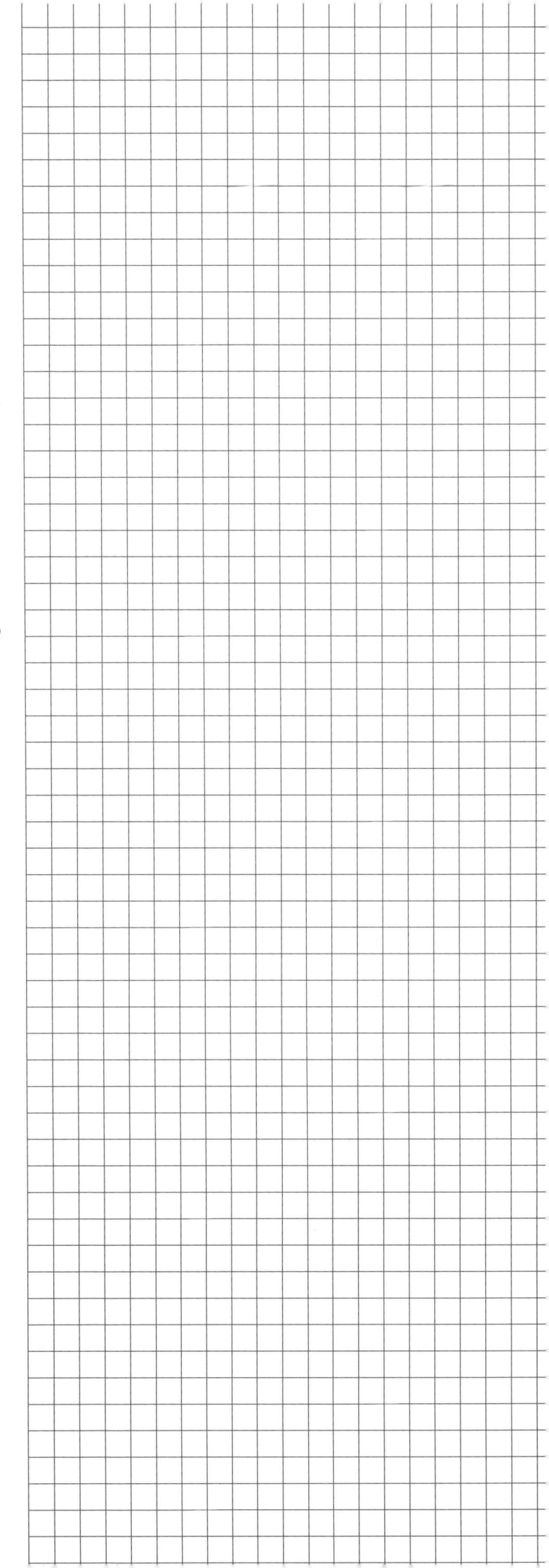

5. Stammkunde

Ihre Bank bietet Ihnen als Stammkunden an, anstatt pro Buchung 0,15 € zu berechnen, eine Pauschale von 6,50 € im Monat abzubuchen. Darin enthalten sind 30 Freibuchungen, für jede weitere Buchung werden 0,10 € berechnet.

Sie haben im Monat etwa 50 Kontobuchungen.

Aufgabe

a) Wie viel bezahlen Sie nach den bisherigen Bedingungen pro Monat an Kontoführungsgebühren?

b) Wie viel würden Sie mit der Pauschale bezahlen?

c) Welche Bedingungen sind günstiger für Sie?

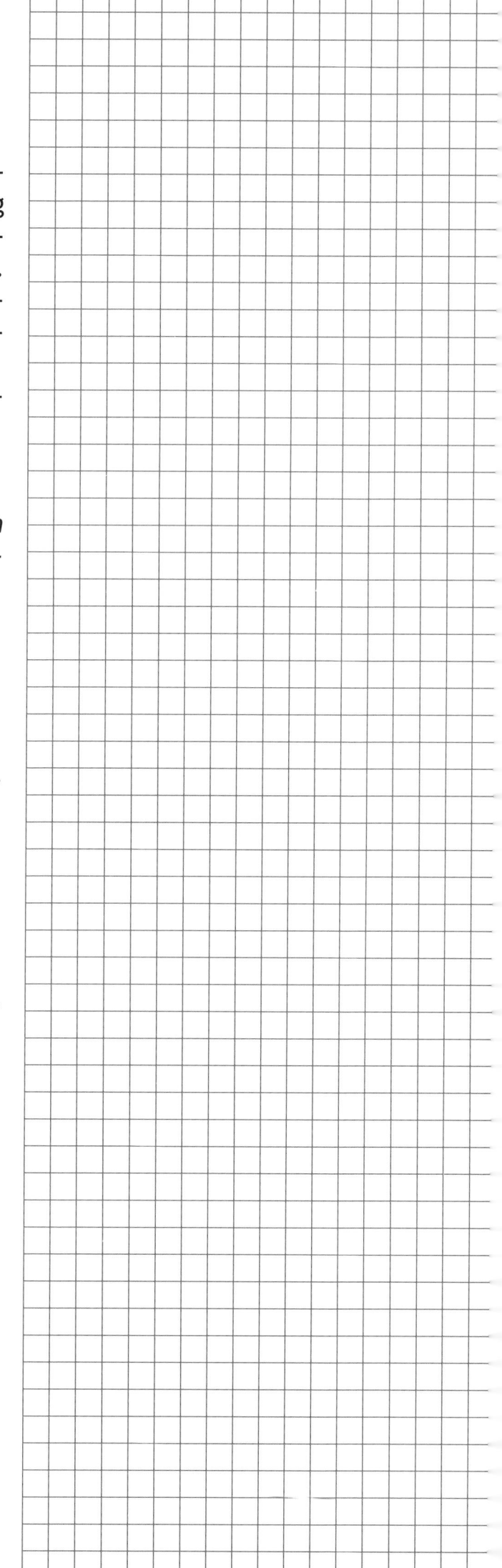

6. Enkelkinder

Sie haben für Ihre 5 Enkelkinder eine Geldsumme angespart, die Sie gerecht aufteilen wollen. Eine Ihrer Töchter erwartet im Moment noch ein Baby und auch dieses Kind soll berücksichtigt werden. Die angesparte Summe beträgt derzeit 2.680,00 €. Sie haben das Glück, dass das Geld mit 5% jährlichen Zinsen zurzeit angelegt ist.

Aufgabe

a) Wie viel bekäme heute jedes Enkelkind?

b) Wie viel bekäme jedes Enkelkind in einem Jahr?

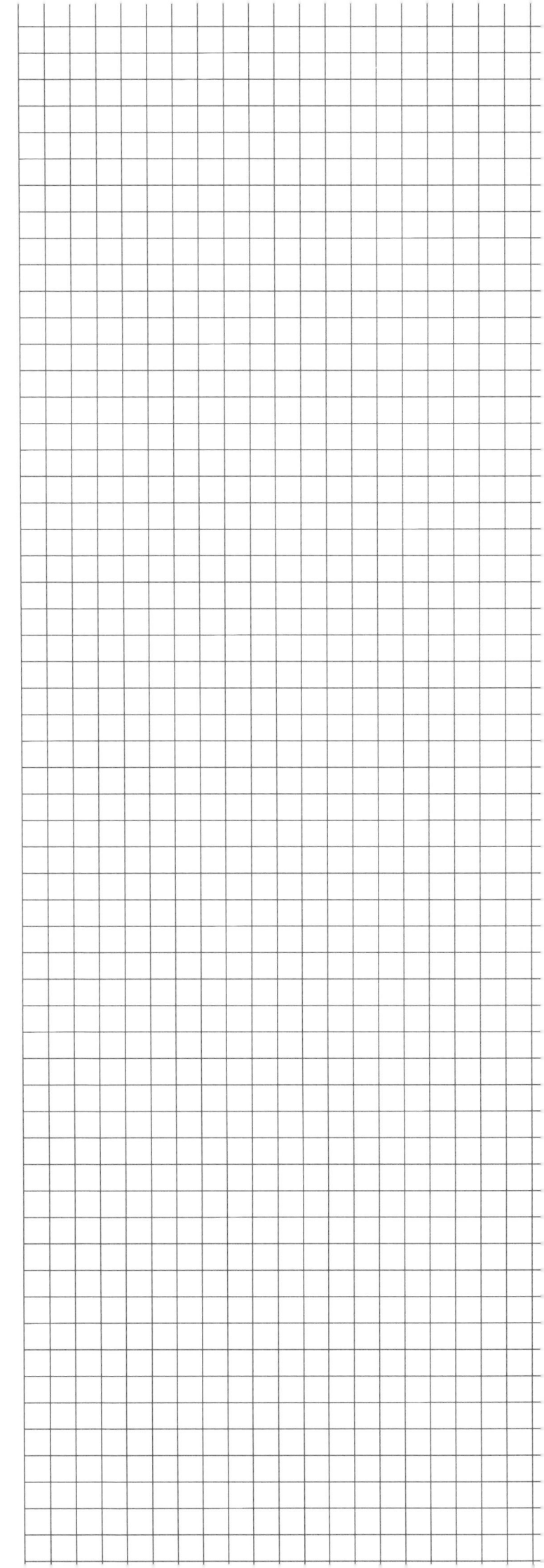

7. Büchereigebühren

Sie kommen aus dem Urlaub zurück und stellen fest, dass 14 Medien, die Sie ausgeliehen haben, bereits vor 7 Tagen abgelaufen sind. Die Gebühr für ein nicht rechtzeitig abgegebenes Buch beträgt pro Tag 0,50 €, für eine CD 1,10 € und für ein Video 0,70 €. Sie haben 9 Bücher, 3 CD`s und 2 Videos ausgeliehen.

Aufgabe
Berechnen Sie die Gebühren, die angefallen sind.

8. Lose

Sie haben eine Glückssträhne und kaufen 11 Lose zu 1,50 €, 3 Lose zu 2,00 € und 5 Lose zu 0,75 €. Sie gewinnen 30,00 €!

Aufgabe
a) Wie viel haben Sie für die Lose ausgegeben?

b) Haben Sie wirklich einen Gewinn gemacht und wenn ja, wie viel?

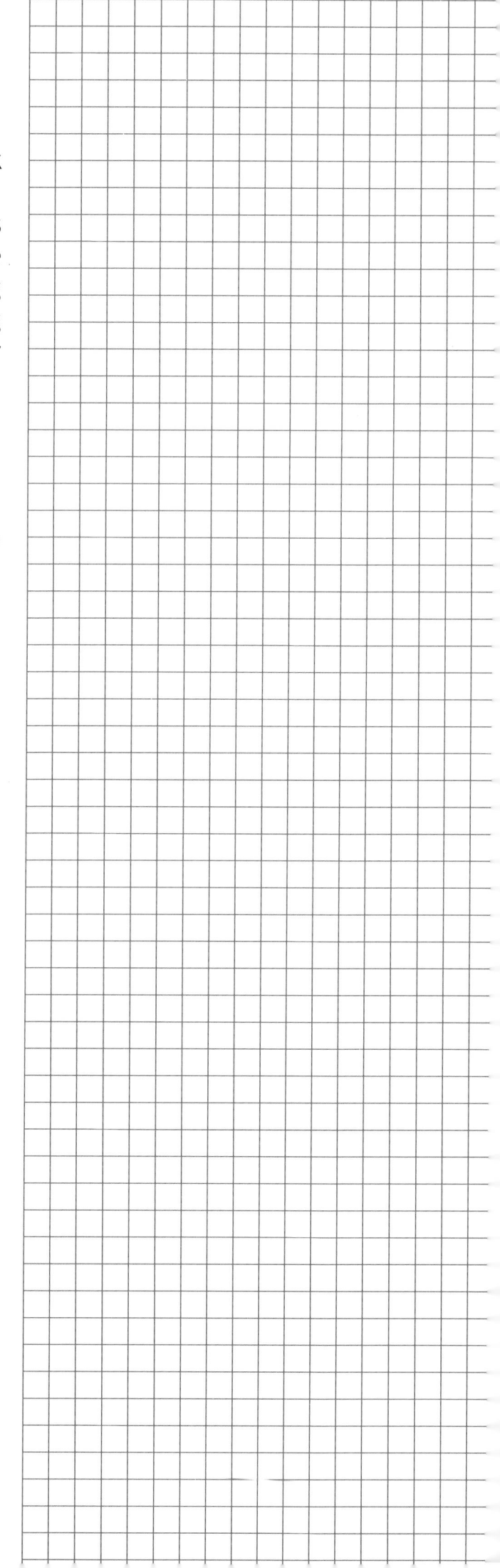

9. Aktien

Sie haben 25 Aktien gekauft und dafür pro Stück 160,00 € gezahlt. Die Spesen für die Transaktionen belaufen sich auf 12,00 €. Sie verkaufen die Aktien heute zu einem Kurs von 185,00 € pro Stück.

Aufgabe

a) Wie hoch war der Einkaufspreis inklusive der Spesen?

b) Wie hoch ist der Verkaufserlös abzüglich Spesen?

c) Wie hoch ist Ihr Gesamtgewinn?

10. Anschaffungen

Es ist April und einige Anschaffungen stehen ins Haus:
Sommerreifen 180,00 €, Fahrrad für den Sohn 175,00 €, 2 Radhelme Gesamtpreis 54,80 €, Blumenerde 17,60 €, Salat- und Tomatenpflanzen 9,70 €, Turnschuhe 43,00 €, 5-mal Sonnenstudio 45,00 €.

Aufgabe

a) Wie viele Sonderausgaben haben Sie diesen Monat?

b) Ihre Einkünfte betragen 900,00 € im Monat. Für die Haushaltskasse brauchen Sie 550,00 €. Sind alle Anschaffungen möglich oder können Sie bestimmte Anschaffungen erst im Mai machen?

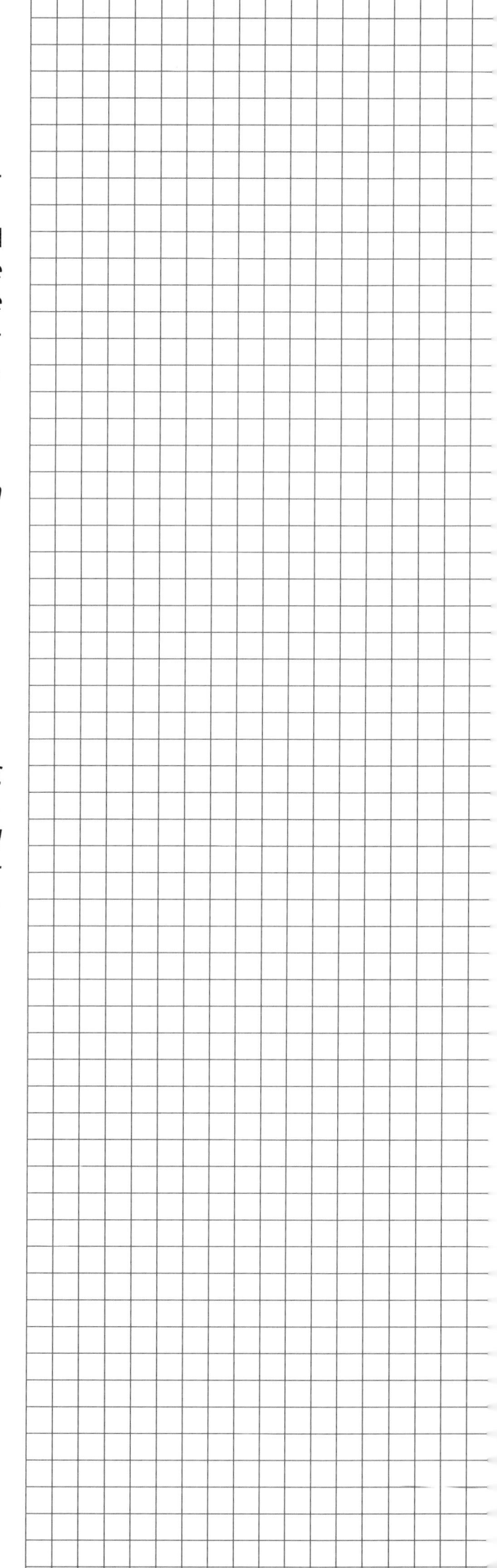

11. Essen gehen

Sie wollen Essen gehen und stecken 2 Zwanzig-, 1 Zehn- und 1 Fünf-Euroscheine ein. Die Rechnung beträgt 52,80 €.

Aufgabe
Können Sie der Kellnerin noch 5,00 € Trinkgeld geben?

12. Millionenshow

Sie waren in der Millionenshow und haben 30.000 € gewonnen. Als Erstes möchten Sie verreisen. Sie benötigen dafür 2.890,00 €. Für Kleidung und Schmuck geben Sie 1.367,00 € aus und zahlen einen Kredit in Höhe von 14.655,00 € zurück.

Aufgabe
Wie viel Geld bleibt Ihnen, um es anzulegen?

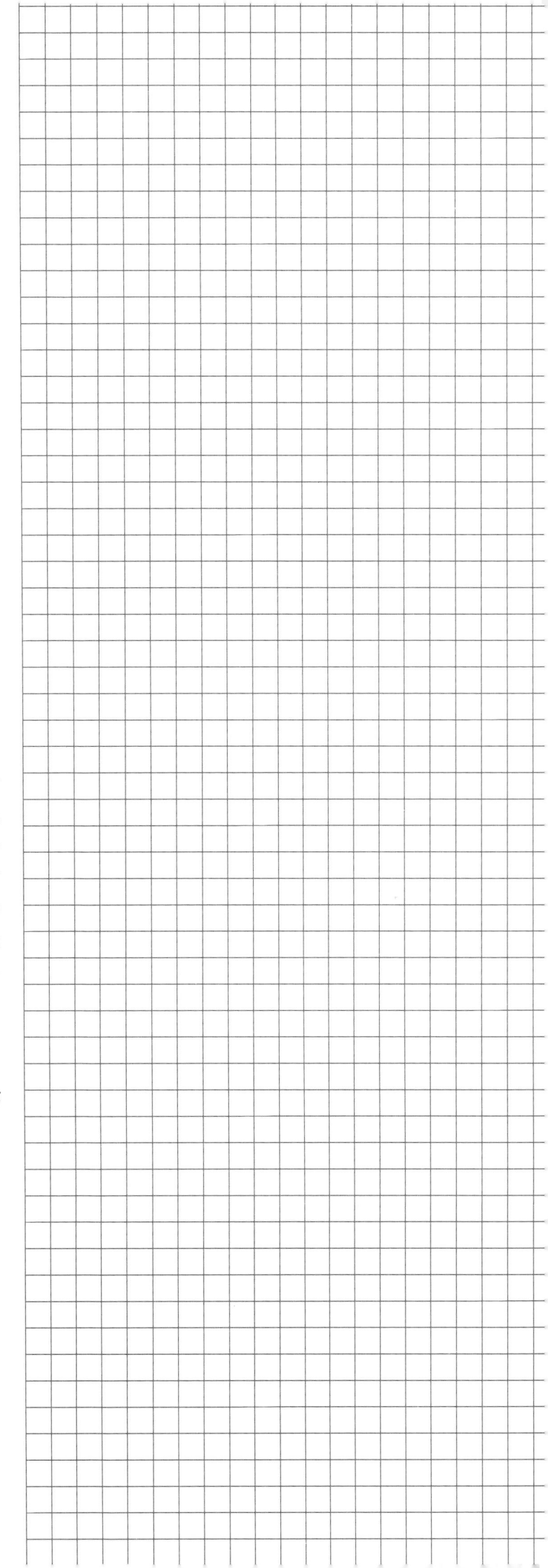

13. Therapiekosten

Nach einer Handoperation brauchen Sie 10 Behandlungseinheiten Ergotherapie. Ihre Krankenkasse erklärt Ihnen, dass der Satz für eine Behandlung 35,00 € beträgt. Hiervon müssen 20% Selbstbeteiligung bezahlt werden. Sie finden eine Therapeutin, deren Satz für eine Behandlungsstunde 60,00 € beträgt.

Aufgabe

a) Wie groß ist die Differenz zwischen dem bewilligten Kassensatz und dem Stundensatz der Ergotherapeutin?

b) Wie hoch ist der Eigenanteil vom Kassensatz pro Stunde?

c) Wie hoch ist der Betrag, den die Krankenkasse pro Behandlungseinheit übernimmt?

d) Wie viel müssen Sie für die 10 Therapiestunden privat dazu bezahlen?

14. Büchereien

Sie möchten Mitglied in einer Bücherei werden und haben die Wahl zwischen einer öffentlichen und einer privaten Bücherei.

Die öffentliche Bücherei verlangt einen Beitrag, wenn Sie Medien reservieren wollen. Sie zahlen pro Reservierung 1,00 € und jedes überzogene Buch kostet 0,50 € Gebühr pro Tag. Man kann die Medien einmal verlängern, die Leihfrist beträgt 4 Wochen. Erfahrungen von Freunden haben gezeigt, dass man selten ein Buch direkt mitnehmen kann, es wird daher aller Voraussicht nach notwendig sein, Reservierungen vorzunehmen.

Die private Bücherei verlangt einen Jahresbeitrag von 18,50 €, Reservierungen sind gratis, die Leihfrist beträgt 3 Wochen, eine Verlängerung ist möglich und die Überziehungsgebühr beträgt pro Buch 0,30 € pro Tag. Die Bücherei liegt in ihrem Wohnviertel und wird noch relativ selten besucht.

Aufgabe

Sie leihen im Jahr durchschnittlich 20 Medien aus. Im Schnitt bestellen Sie 6 Bücher vor. Meistens überziehen Sie die Rückgabefrist um 5 Tage.
Welche Bücherei ist attraktiver?

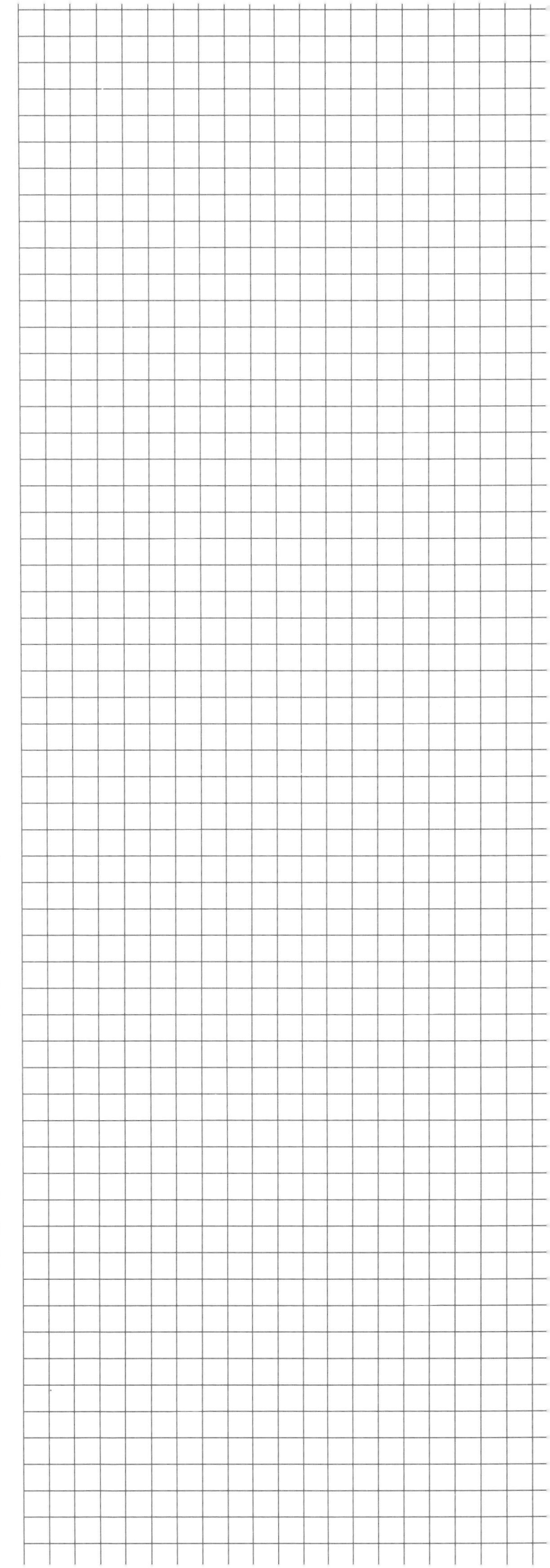

Haushalt

1. 100,00 Euro

Sie wollen Folgendes einkaufen:
1 Jeans 54,50 €
2 Hemden 34,00 €
1 Ledergürtel 29,90 €
Batterie für die Uhr 5,80 €

Aufgabe
Reicht der 100-Euroschein, den Sie eingesteckt haben?

2. Telefonieren

Eine Minute telefonieren kostet 0,07 €.

Aufgabe
Wie hoch sind die Gebühren, wenn Sie 2 Stunden telefonieren?

3. Kissen

Sie nähen ein Kissen und brauchen dafür 1,50 m Stoff. 90 cm Stoff haben Sie noch zu Hause.

Aufgabe
Wie viel Stoff müssen Sie noch kaufen?

Lösungen s. S. 99

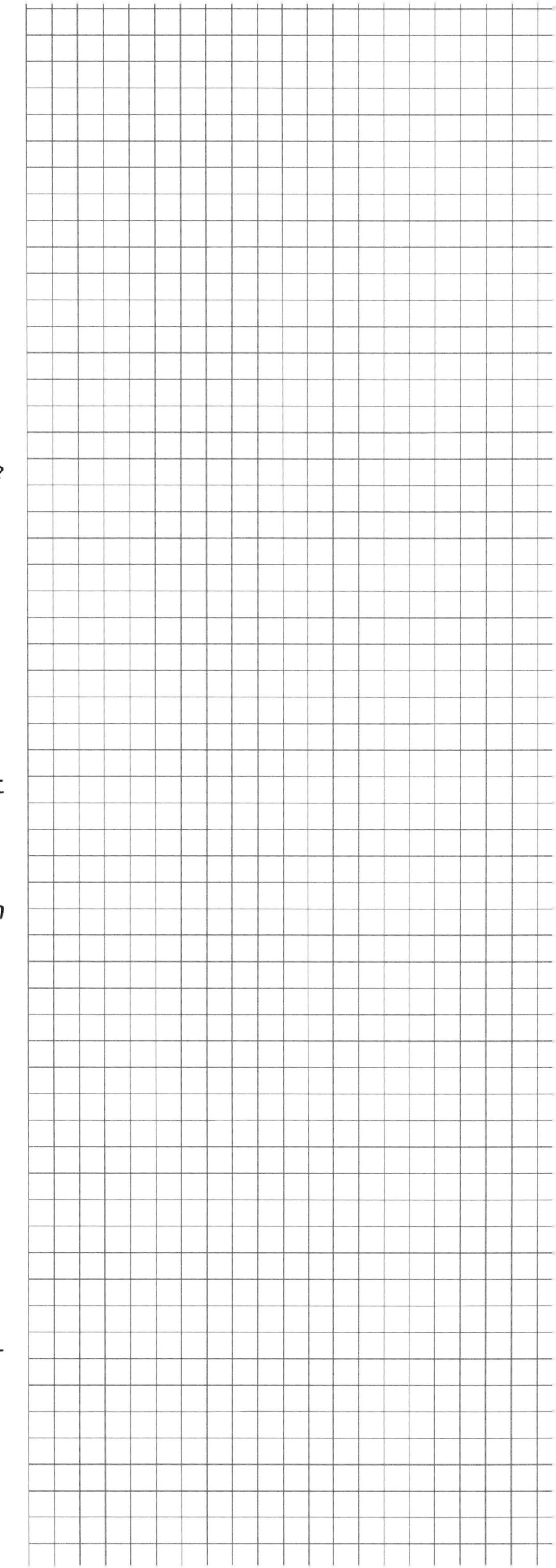

4. Viel telefonieren

Tagsüber telefonieren Sie täglich 30 Minuten. Nach 18.00 Uhr telefonieren Sie dann täglich weitere 45 Minuten. Ihre Telefongesellschaft verlangt folgende Gebühren:

18.00 bis 08.00 Uhr
0,04 € pro Minute

08.00 bis 18.00 Uhr
0,07 € pro Minute.

Aufgabe
a) Wie viel zahlen Sie täglich für die Telefonate?

b) Wie viel im Monat (30 Tage)?

c) Wie viel im Jahr (365 Tage)?

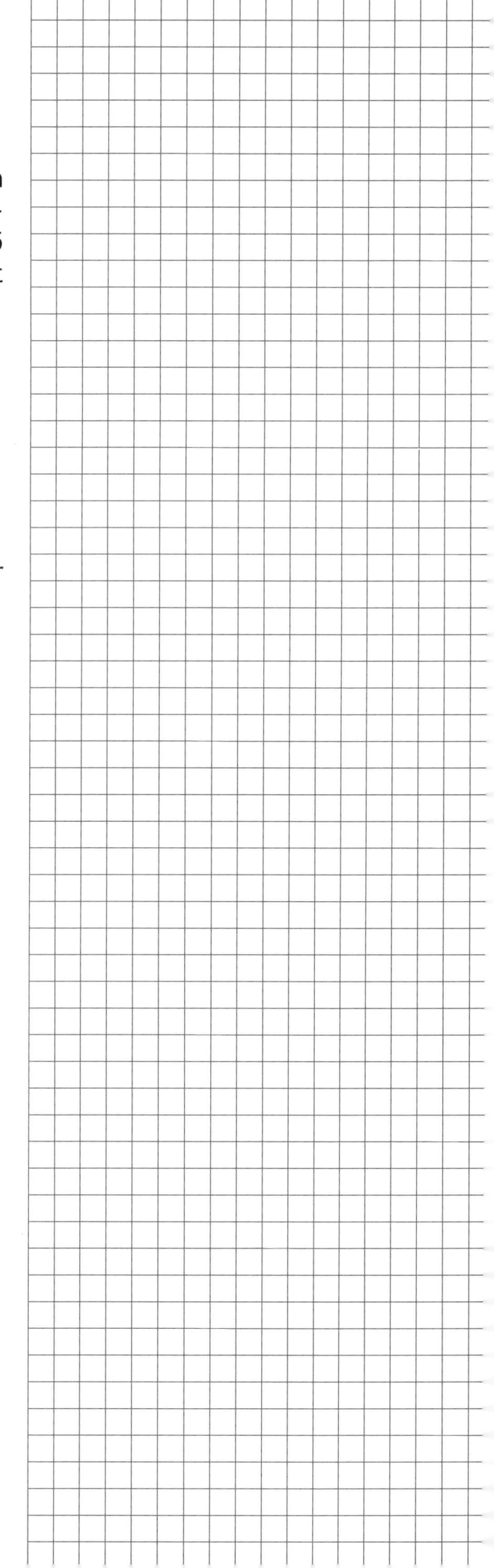

5. Bücher aussortieren

Sie möchten Ihr Bücherregal aussortieren und beschließen, alle Bücher, die vor 1980 erschienen sind, der Bücherei zu spenden.

1976: 3

1954: 4

1989: 1

1963: 6

1998: 12

2001: 8

1977: 13

1988: 4

1967: 3

2000: 5

1993: 22

1982: 17

Aufgabe
Wie viele Bücher bekommt die Bücherei?

6. Paketschnur

Sie möchten 5 Pakete verschicken und überlegen, ob Ihre Paketschnur reicht. Sie haben noch 17 m und brauchen pro Paket 3,75 m.

Aufgabe
Reicht die Schnur für alle Pakete?

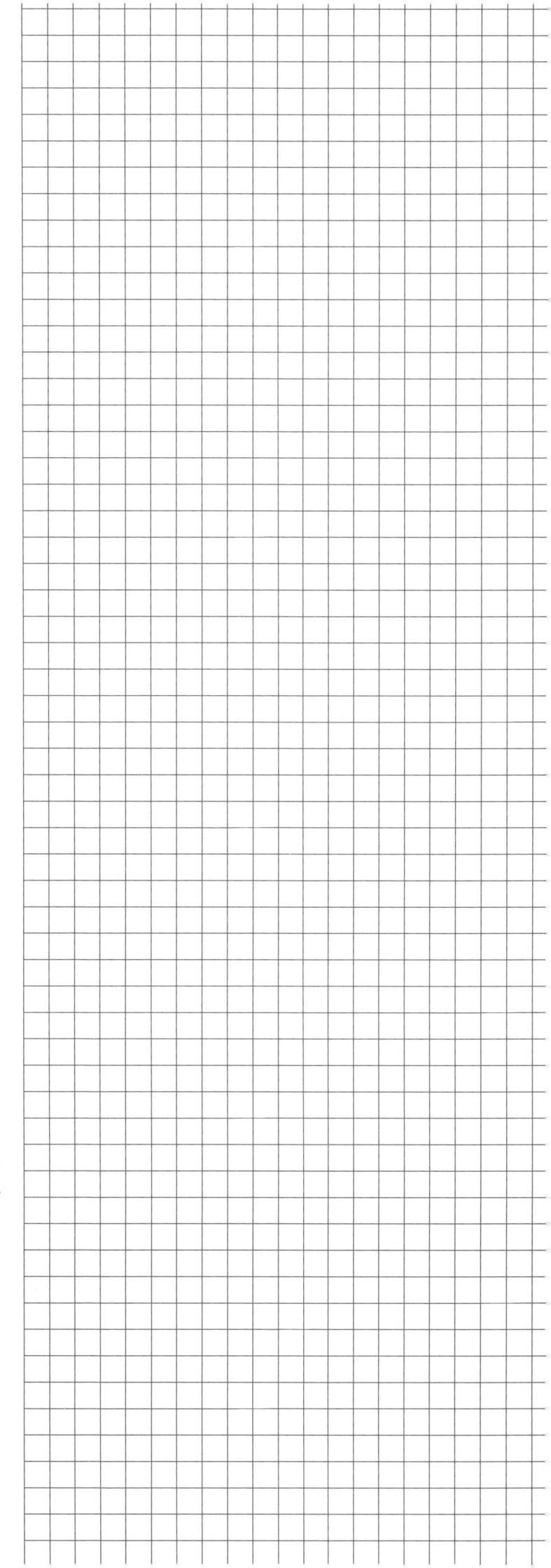

7. Drucker
Der Ausdruck eines Textes verbraucht 23 Seiten Papier. Es sind noch 180 Seiten Papier vorhanden.

Aufgabe
Wie oft kann der Text ausgedruckt werden?

8. Germknödel
Sie haben noch 9,00 € im Geldbeutel und sehen ein Angebot „Germknödel" für 2,45 €.

Aufgabe
Wie viele Packungen können Sie kaufen?

9. Drogeriemarkt
Sie gehen mit 20,00 € in den Drogeriemarkt. Müllsäcke kosten 2,65 €, Toilettenpapier 1,99 €, Waschmittel 5,99 € und Zahnpaste 2,75 €.

Aufgabe
Wie viel bleibt von Ihrem Geld übrig, wenn Sie diese Artikel kaufen?

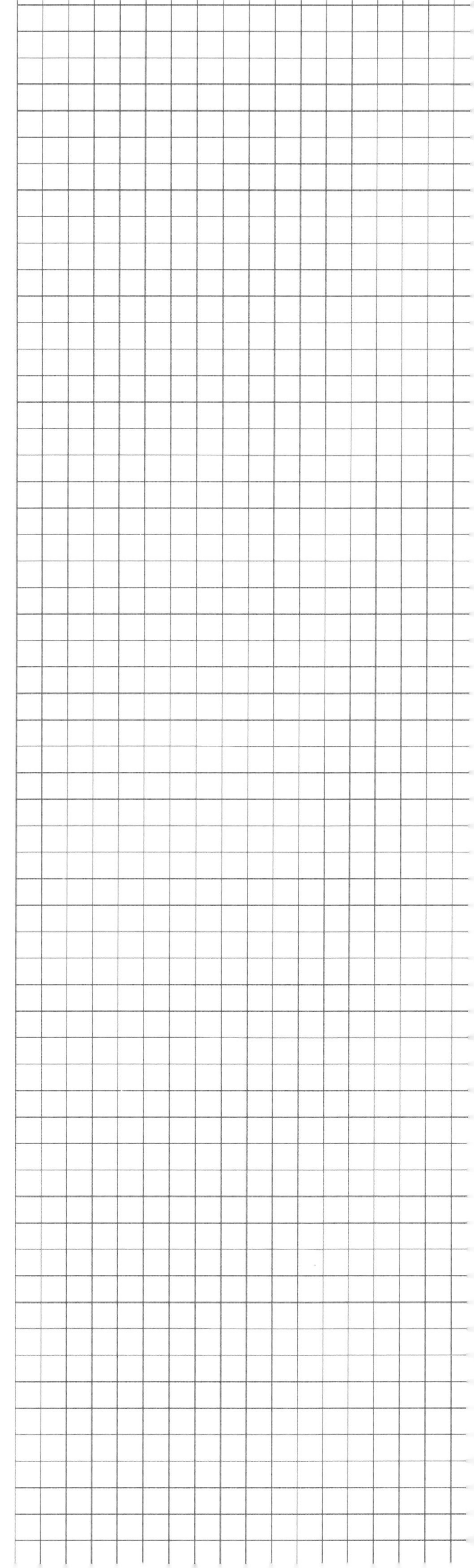

10. Angebot

Ihr Supermarkt hat folgendes Sonderangebot: 1 Dose Mais kostet 0,99 €, ab 2 Dosen Mais kostet die Dose 0,49 €.

Aufgabe

Bringt das Angebot eine Ersparnis, wenn ja, wie viel können Sie einsparen?

11. Gartentisch

Ein Gartentisch kostet 125,00 €. Wenn Sie ihn selbst abholen, erhalten Sie 2% Rabatt.

Aufgabe

a) Was kostet Sie der Tisch bei Selbstabholung?

b) Bei Barzahlung gibt es noch einmal 3% Abzug auf den Selbstabholerpreis. Welche Summe muss dann gezahlt werden?

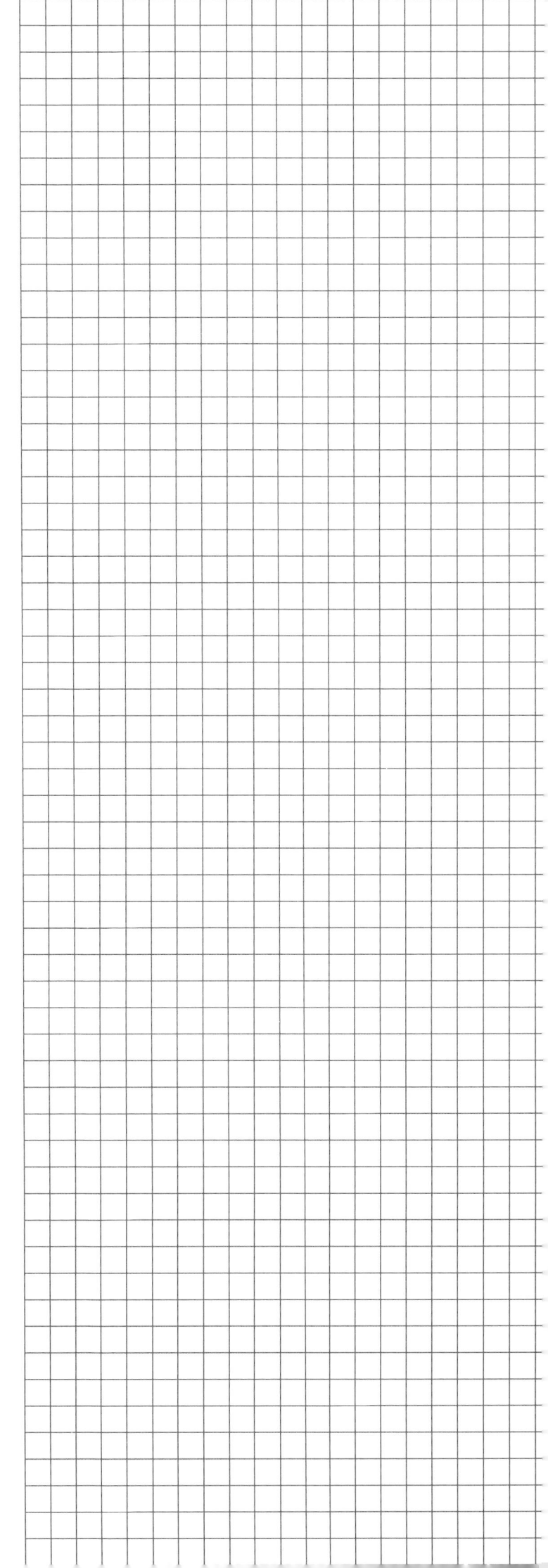

12. Schuhe

Ein Markenschuhgeschäft gibt den Stammkunden 15% Rabatt auf alle Schuhe, bei Barzahlung erhalten Sie noch einmal 2% Rabatt.

Aufgabe
Wenn ein Paar Sommerschuhe 63,00 € kostet, wie viel muss gezahlt werden, wenn alle Rabatte wahrgenommen werden?

13. Streichen

Sie wollen das Wohnzimmer in einem warmen Gelbton streichen. Dazu benötigen Sie 5 Eimer (pro Eimer 10 l) Farbe. Das Verhältnis Gelb zu Weiss soll nach den Farbtonangaben 1 : 3 betragen.

Aufgabe
Wie viele Liter von jeder Farbe brauchen Sie?

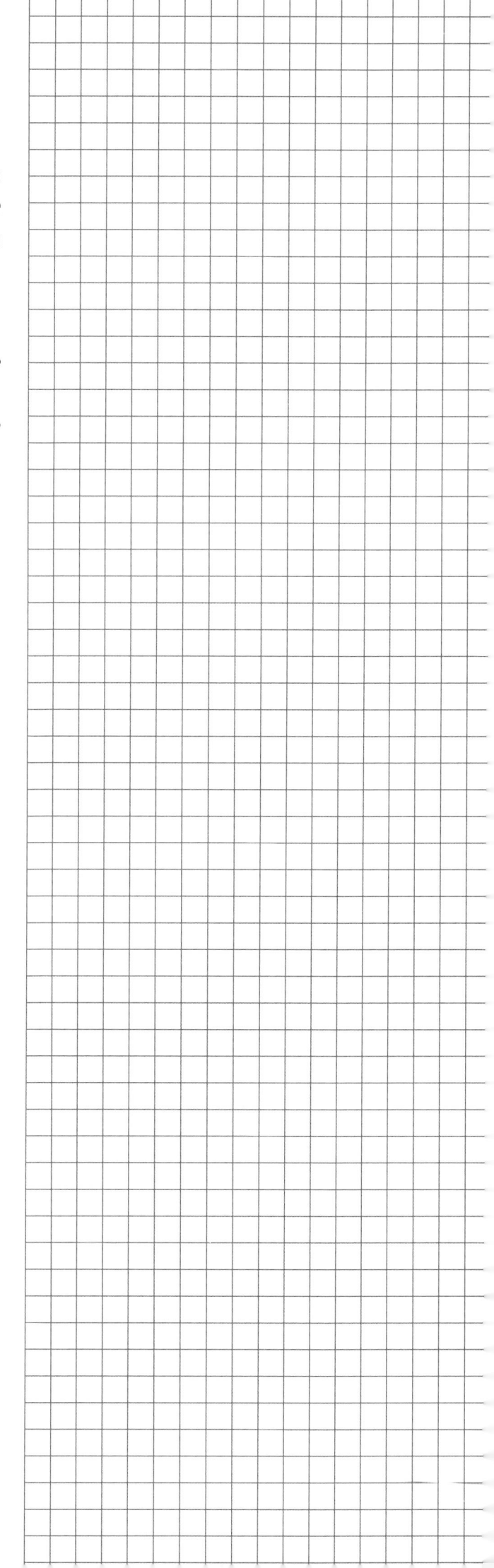

14. Zutaten

Aufgabe
Errechnen Sie das Gesamtgewicht folgender Dinge:

1 Packung Mehl (1kg)
3 Packungen Puderzucker (je 0,5 kg)
5er-Pack Vanillezucker (insgesamt 55 g)
1 Packung Knödelbrot (250 g)
6 Eier (je 45 g)
2 Liter Weißwein
3 Flaschen Bier à 0,5 Liter

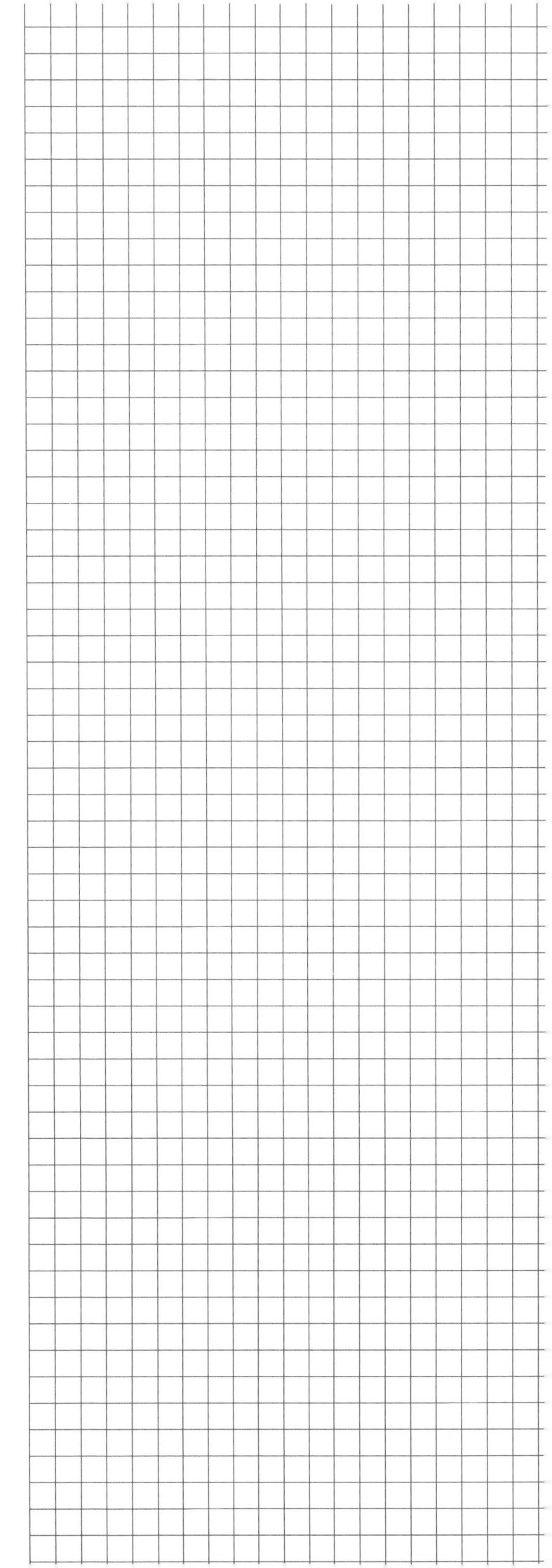

15. Bücher

Ihre Bibliothek beinhaltet Bücher aus verschiedenen Jahren:

1954, 1956, 1960, 1969, 1982,
1967, 1988, 2001, 1995, 1955,
1932, 1920, 1890, 2000, 2002,
1978, 1984, 1977, 1972, 2003,
1899, 1897, 1949, 1965, 1981,
1993, 1999, 1950, 1961, 1983,
1975, 1997, 2004, 1998, 1865.

Sie möchten sie in 10-Jahresintervallen ordnen und wollen wissen, wie viele Sie von jedem Jahrzehnt besitzen.

Aufgabe
Machen Sie eine Aufstellung z.B. 1980-1989 etc. Und geben Sie an, wie viele Bücher in den Zeiträumen jeweils vorhanden sind.

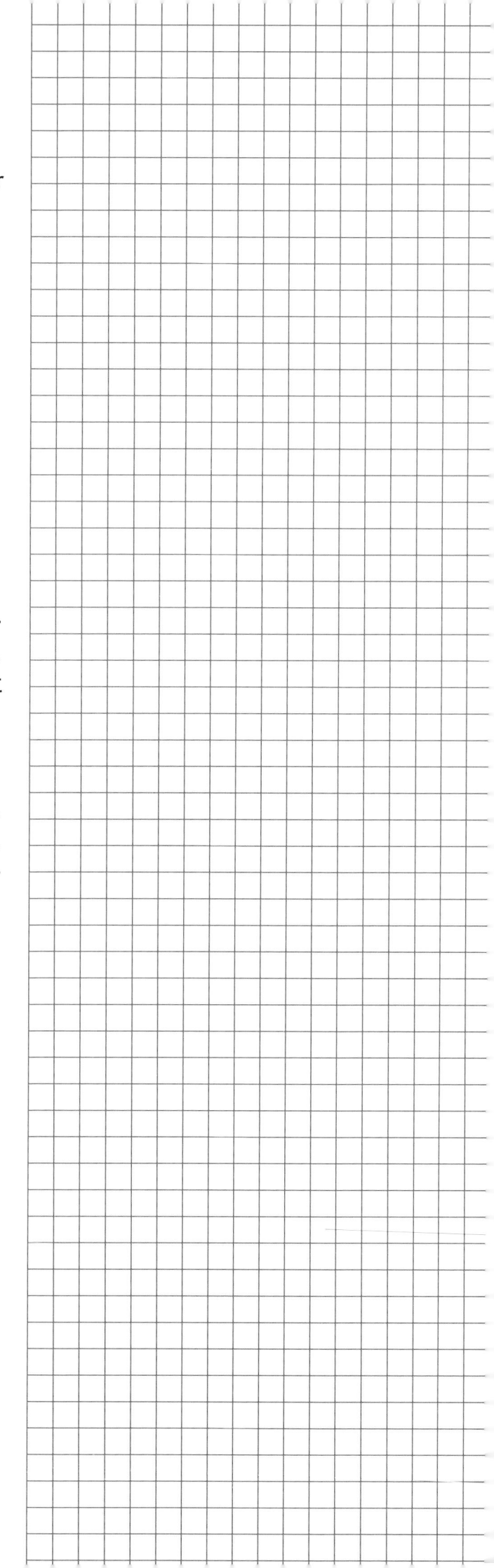

Kinder

1. Kinderzimmer

Sie möchten das Kinderzimmer streichen und wissen nicht, wie viel Farbe Sie brauchen. 10 Liter reichen für 10 qm. Die Wände des Zimmers haben folgende Maße:
2 x 2,5 m x 3,5 m
2 x 2,5 m x 4,25 m
Die Decke hat die Maße 3,5 m x 4,25 m.
1 Eimer Farbe enthält 10 Liter und kostet 7,50 €.

Aufgabe

a) Wie viel Fläche haben Sie inkl. der Decke zu streichen?

b) Wie viele Eimer brauchen Sie und was kostet die Farbe?

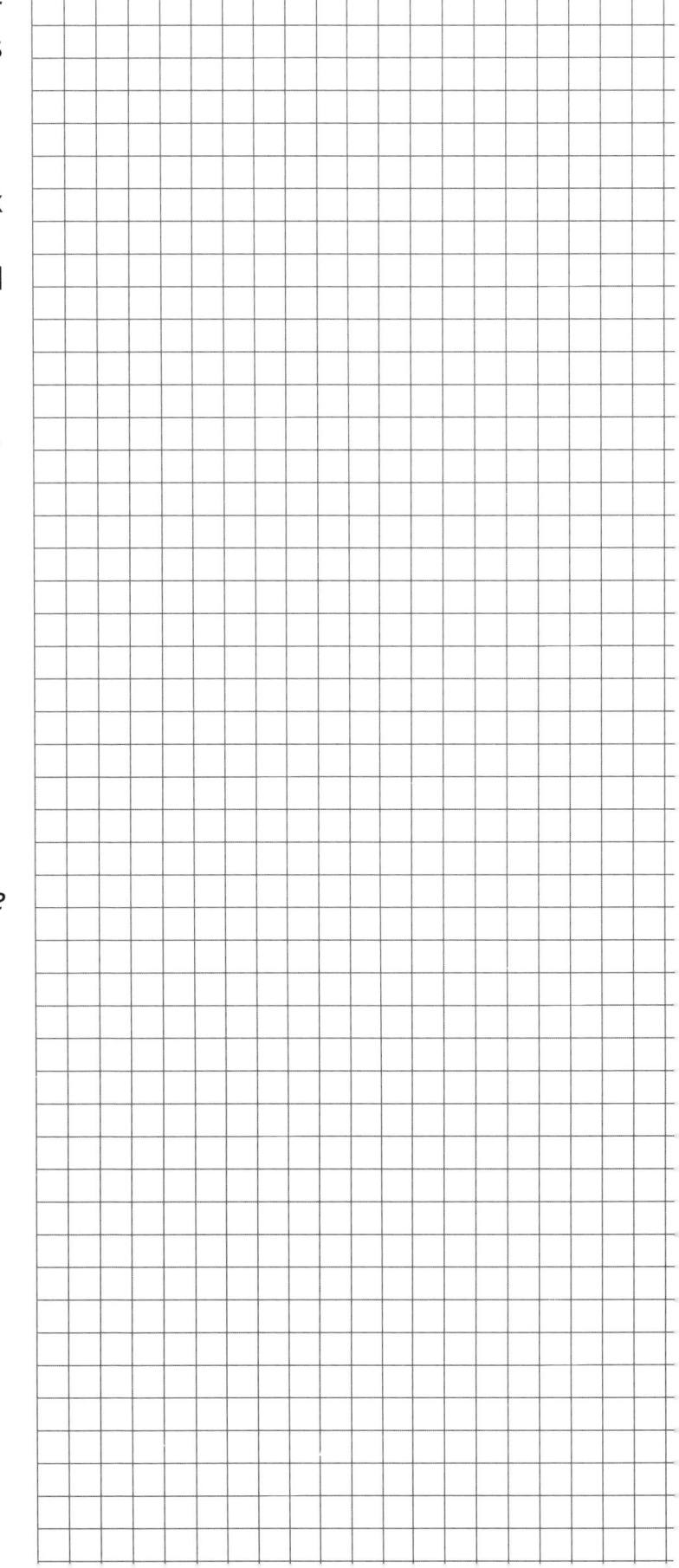

Lösungen s. S. 99f.

2. Adventskalender

Sie möchten einen Adventskalender aus Filzsäckchen basteln und brauchen laut Anleitung 1 qm Filz. Im Bastelgeschäft gibt es Stücke in der Größe 25 x 35 cm.

Aufgabe
Wie viele Filzstücke brauchen Sie?

3. Tagesmutter

Die Tagesmutter für Ihren Sohn kostet 460,00 € im Monat. Ihr Bundesland bezuschusst die Kosten für Ihre Tagesmutter mit monatlich 237,00 €.

Aufgabe
Wie hoch ist Ihr Elternbeitrag?

4. Freibad

Ihre Kinder gehen ins Freibad und haben für Eis noch 3,00 € übrig. Ein Eis kostet 90 Cent.

Aufgabe
Wie oft können sich die Kinder Eis kaufen?

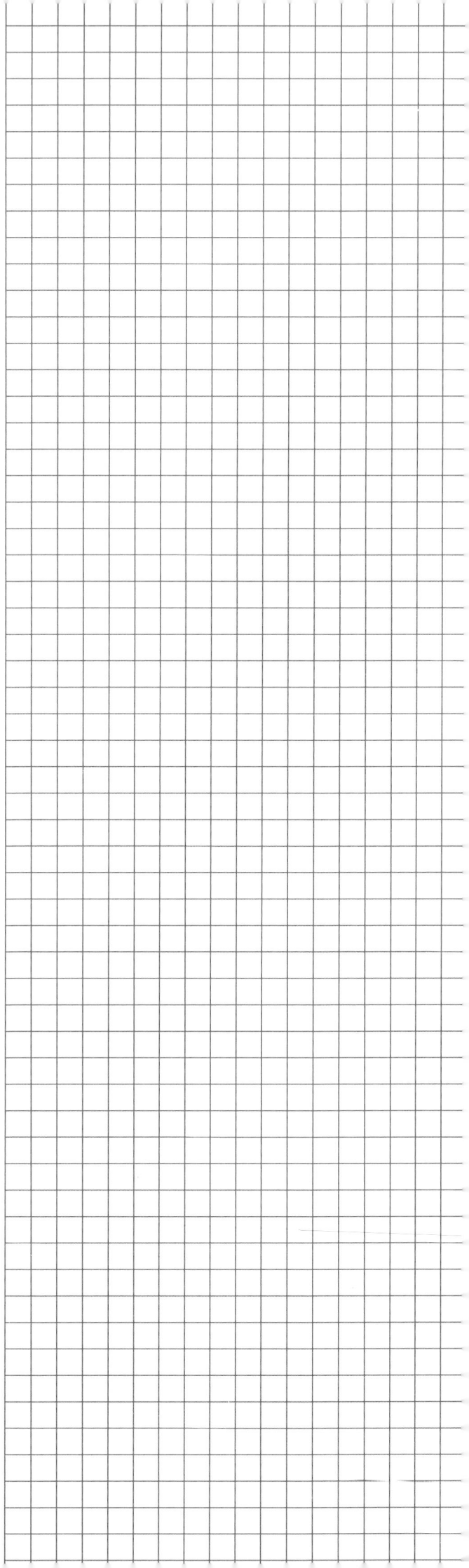

5. Kindergeld
Eine Familie mit 3 Kindern bekommt vom Staat alle 2 Monate 924,00 € Kindergeld.

Aufgabe
Wie hoch ist die staatliche Leistung pro Kind und Monat?

6. Fotos
140 Kinderfotos befinden sich für die Jahre 2002 bis 2005 in der Fotoschachtel. Laut Jahresangaben auf den Rückseiten wurden 2002 40 Bilder geschossen, 2003 nur 23 und 2004 39.

Aufgabe
Wie viele Bilder wurden 2005 gemacht?

7. Flohmarkt
Zwei Mädchen haben 12 Spielsachen auf dem Flohmarkt verkauft. Sie haben 5 x 1,75 € und 7 x 0,50 € eingenommen.

Aufgabe
Wie hoch sind ihre Einnahmen?

8. Spielsachen

Ein Junge sieht sich sein Regal mit Spielsachen an und zählt im 1. Regal 13 Plüschtiere, im 2. Regal 6 Lego-Kisten und im 3. Regal 14 Spiele. Er nimmt 4 Plüschtiere und 9 Spiele heraus, um Platz zu schaffen.

Aufgabe
Wie viele Spielsachen hat er jetzt noch im Regal?

9. Bilderrahmen

Oma Reger will die erste Kindergartenzeichnung ihrer Enkelin in einem Rahmen mit Passepartout an die Wand hängen. Das Bild ist 14 x 21 cm groß. Es gibt Bilderrahmen in den Größen 13 x 18 cm, 30 x 40 cm und 40 x 50 cm.

Aufgabe
Welchen wird sie nehmen?

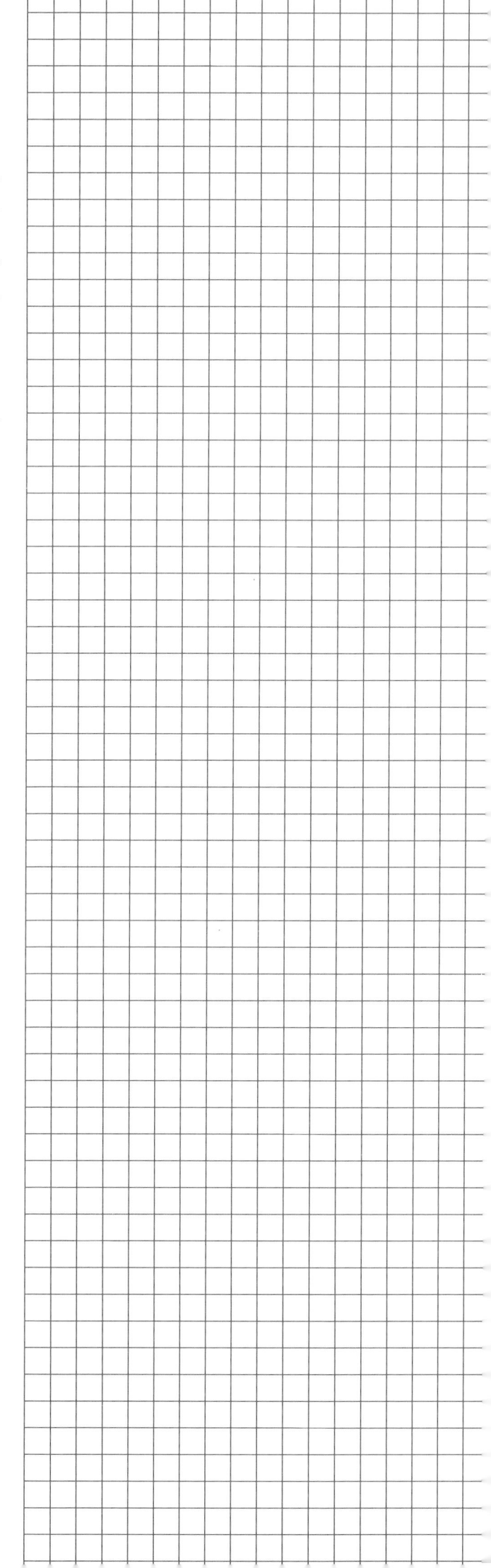

10. Plantschbecken

Das Plantschbecken der Kinder fasst 128 Liter.

Aufgabe

a) Wie viele Eimer Wasser (Füllmenge 8 l) muss man hineinschütten, damit es voll ist?

Die Hälfte des Wassers soll heiß sein, damit die Kleinen nicht frieren.

b) Wie viele Eimer heißes Wasser brauchen Sie?

c) Wie vielen Litern entspricht das?

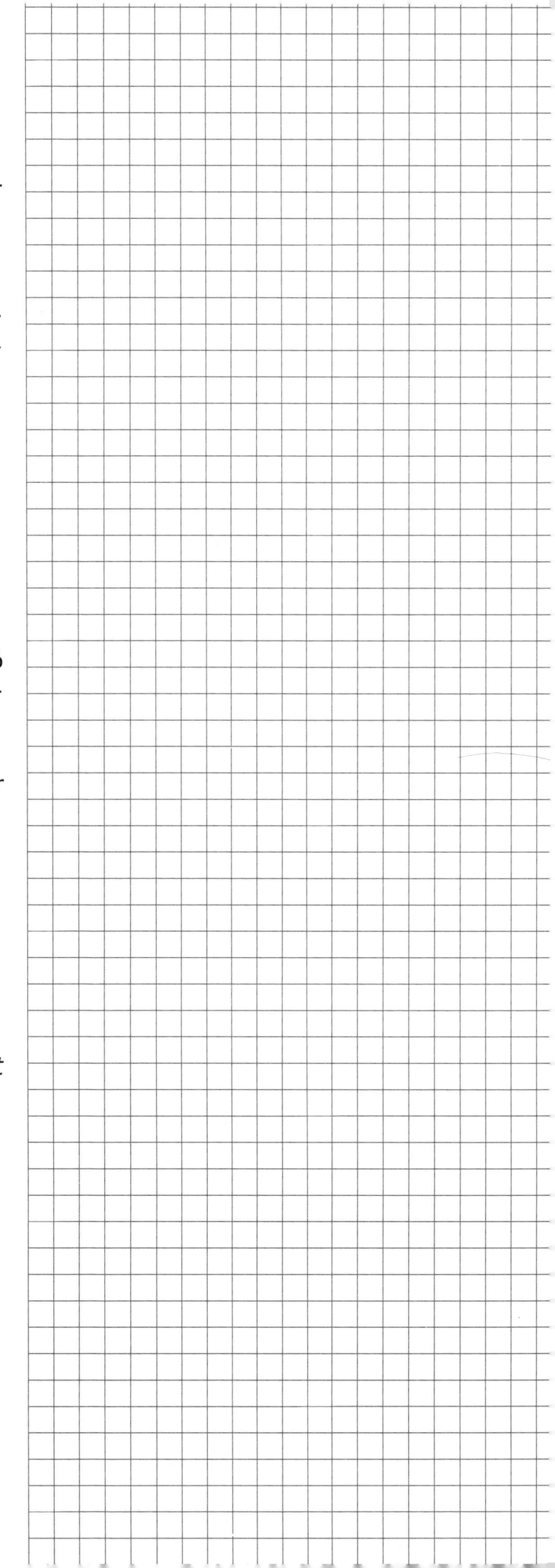

Outdoor

1. Bergtour

Der Parkplatz am Fuße eines Berges befindet sich in 568 Metern Höhe. Nun möchten Sie wissen, wie lange Sie für den Anstieg rechnen müssen. Der Gipfel des Berges ist mit 1880 m in der Landkarte angegeben. Pro Stunde schaffen Sie etwa 400 Höhenmeter.

Aufgabe
Wie lange müssen Sie gehen, bis Sie oben sind?

2. Höhenmeter

In 1 Stunde kann man etwa 400 Höhenmeter erklimmen. Ein Mann ist vor 2 Stunden von 850 m aufgebrochen.

Aufgabe
a) Auf welcher Höhe befindet er sich derzeit?

b) Wie lange braucht er noch bis auf die Höhe 2000 m?

Lösungen s. S. 100

3. Joggen

Sie möchten 12,1 km joggen. In einer Stunde schaffen Sie derzeit 8,5 km.

Aufgabe
Wie lange brauchen Sie für die Strecke?

4. Skilift

Sie haben am Nachmittag Zeit, um für 2 Stunden mit Ihren beiden Kindern auf die Piste zu gehen. Eine Punktekarte mit 50 Punkten kostet für Kinder 12,00 €, für Erwachsene 20,00 €. Pro Fahrt (10 Min.) werden 3 Punkte verbraucht. Eine 2-Stundenkarte kostet pro Kind 7,50 €, für Erwachsene 17,00 €. Für eine Abfahrt rechnen Sie 10 Minuten.

Aufgabe
Welche Karte ist für Sie günstiger?

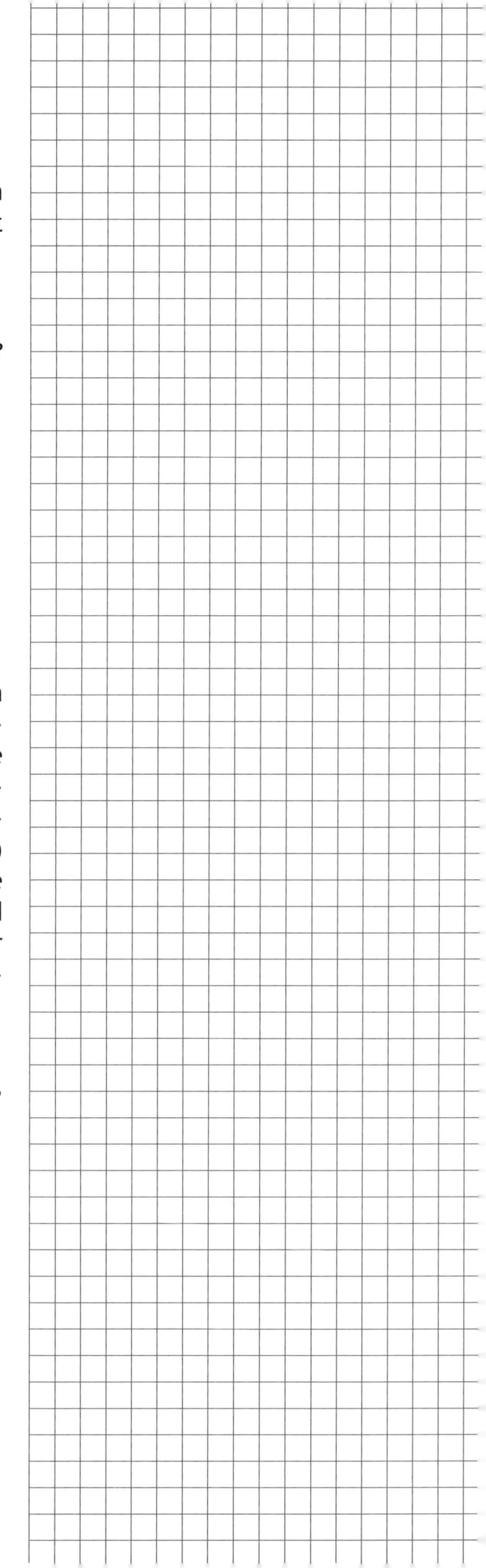

5. Maßstab
Auf einer Landkarte entspricht 1 cm 15 km. Von Naustein nach Weil sind es nach Ihren Messungen 14 cm.

Aufgabe
a) Wie viele Kilometer sind das?

b) Kann man die Strecke mit dem Fahrrad in einem Tag fahren, wenn man in der Stunde ca. 15 km schafft und maximal 7 Stunden fahren kann?

6. Schnellgehen
Eine Frau ist vor 4,5 Stunden losgegangen und ihr Kilometerzähler zeigt jetzt 24,75 km an.

Aufgabe
Wie viele Kilometer schafft sie in der Stunde?

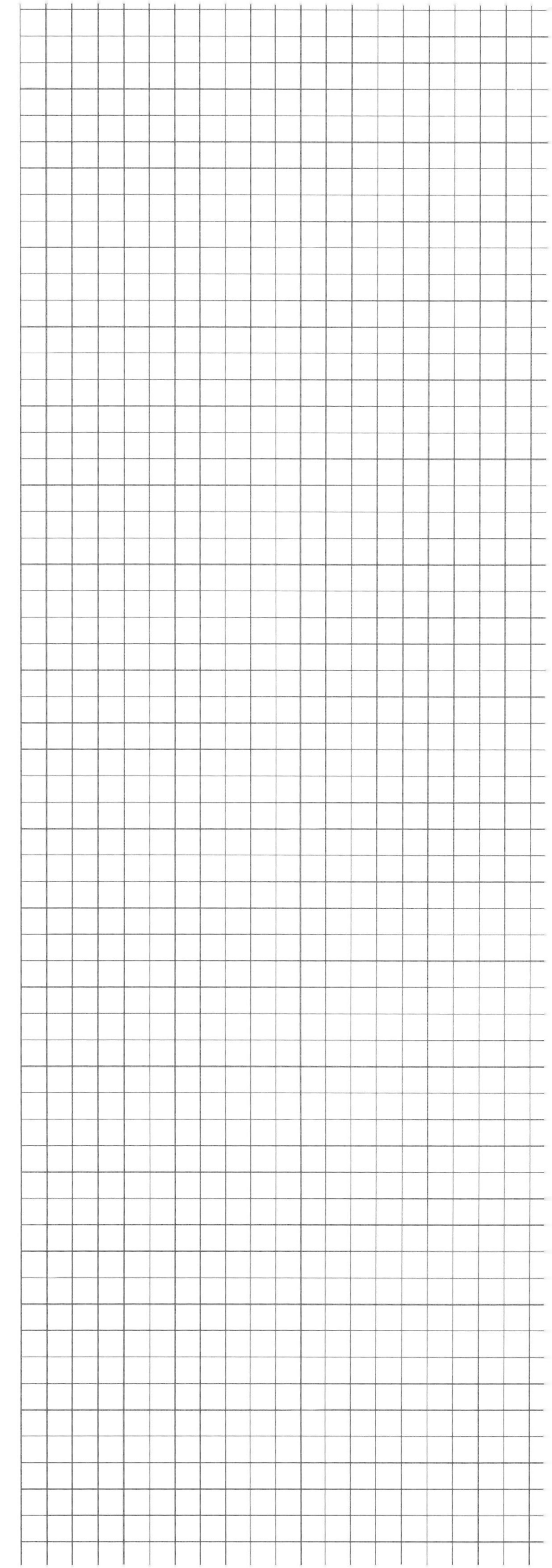

7. Lungau

Sie möchten im Salzburger Lungau wandern und wollen zunächst von Mauterndorf nach Tamsweg. Auf einer Wanderkarte im Maßstab 1 : 50.000 beträgt die Distanz der Luftlinie 17 cm.

Aufgabe

a) Wie vielen Kilometern entspricht 1 cm?

b) Wie viele Kilometer sind es von Mauterndorf nach Tamsweg?

c) Wie lange gehen Sie, wenn Sie 5 km in der Stunde schaffen?

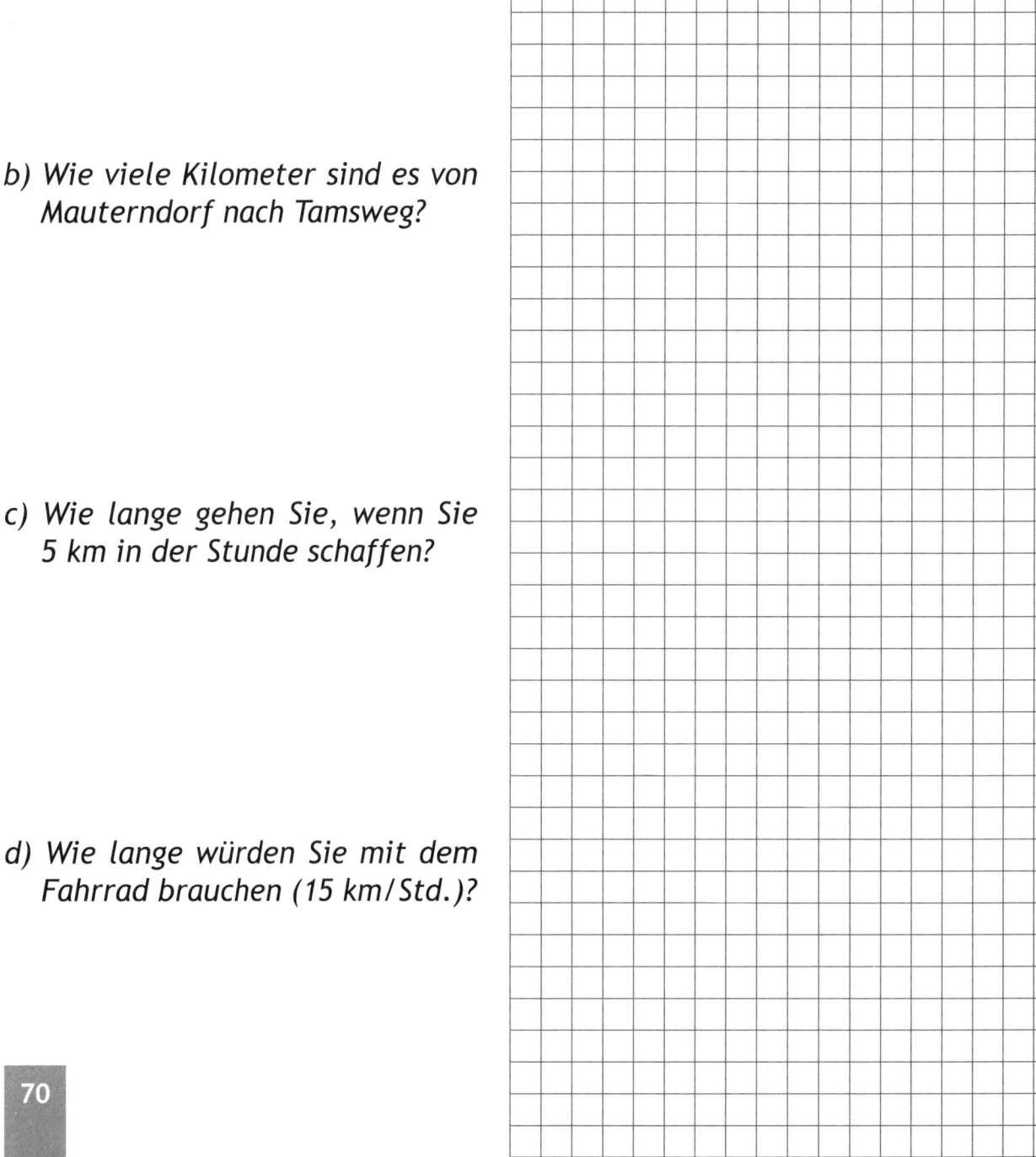

d) Wie lange würden Sie mit dem Fahrrad brauchen (15 km/Std.)?

8. Gipfel

Ein Berg ist 2.012 m hoch. Die Hütte, in der Ehepaar Grassl übernachten will, liegt auf 1.247 m. Sie wissen, dass sie abwärts pro Stunde etwa 450 Höhenmeter gehen. Jetzt ist es 14.00 Uhr.

Aufgabe
Wann werden die beiden auf der Hütte sein, wenn sie auf der Strecke noch 30 Minuten Pause machen?

9. Langlaufen

Frau Satorius will an diesem sonnigen Tag eine weite Tour unternehmen und packt sich einen schweren Rucksack ein. Sie hat 4 Stunden Zeit und weiß, dass sie nur 8 km pro Stunde schaffen wird. Die Loipe ist 25 km lang.

Aufgabe
a) Schafft sie die Runde?

b) Ist auch noch ein Sonnenbad drin?

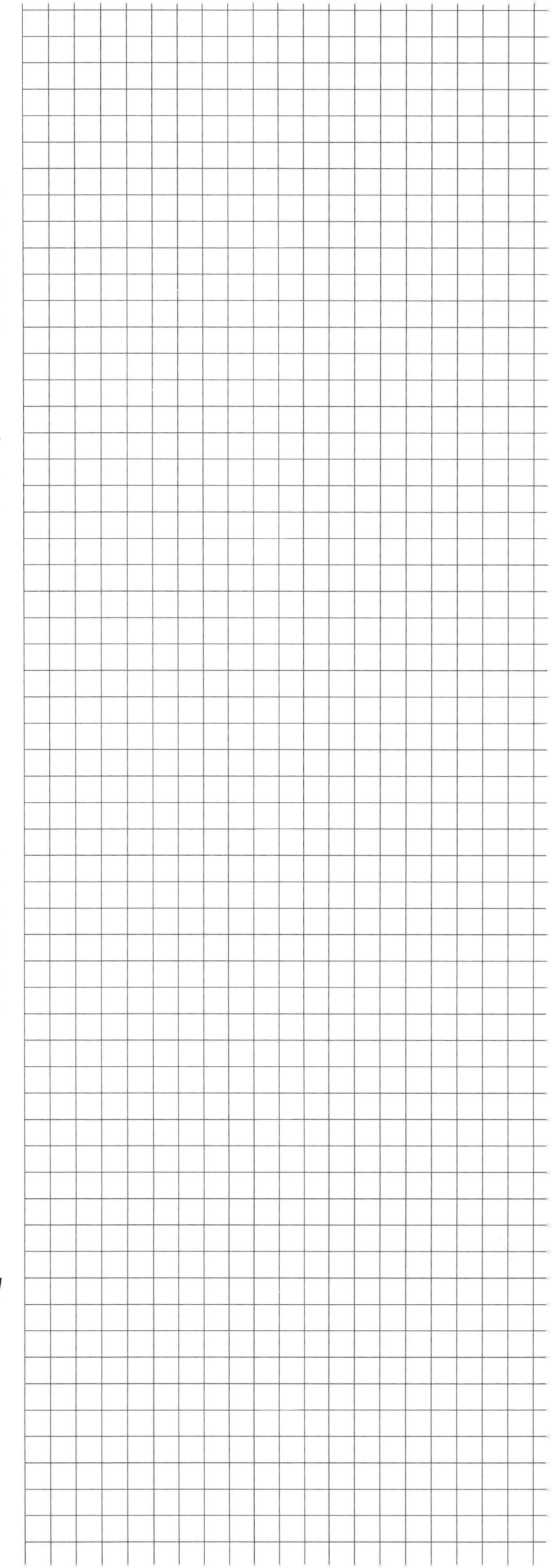

10. Seedurchquerung

Herr Weiss will seinen Lieblingssee durchschwimmen. Der See ist 1,8 km breit. In seiner besten Zeit hat er dafür 45 Minuten gebraucht.

Aufgabe
Wie viele Meter schaffte er pro Minute?

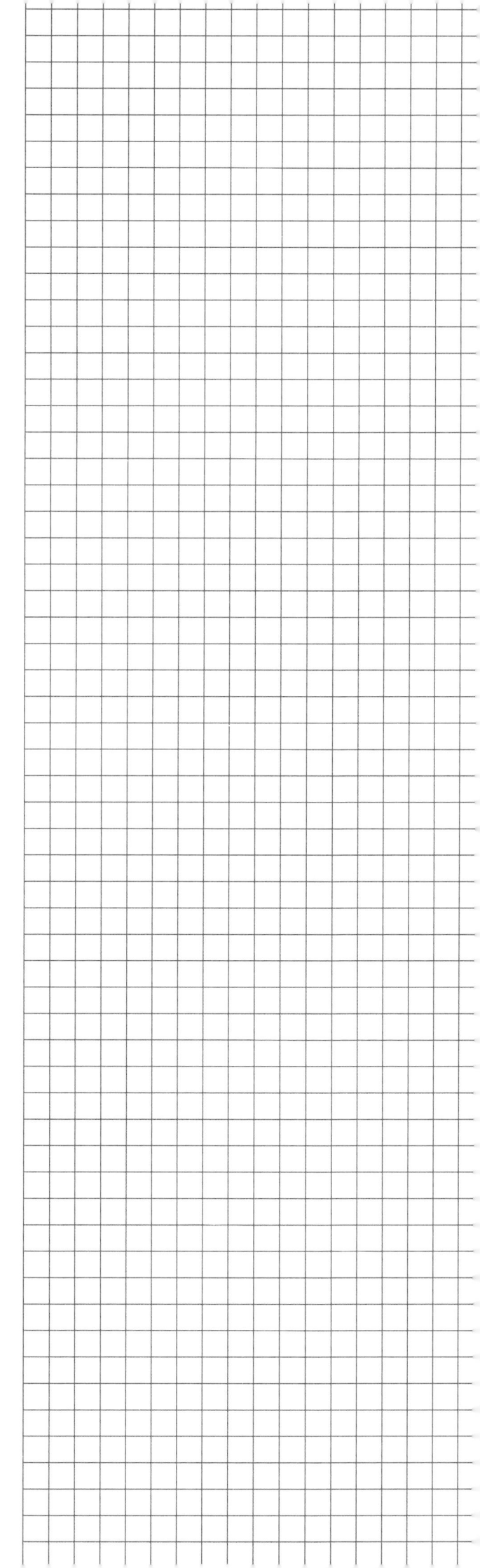

Zeiträume

1. Schaltjahr

Eine Regel besagt, dass ein Jahr ein Schaltjahr ist, wenn es durch 4 teilbar ist, jedoch nicht, wenn es durch 100 teilbar ist, aber auch wenn es durch 400 teilbar ist.

1776, 1400, 2001, 2000, 1498, 1640, 1354, 1810, 1812, 1612, 1500, 1964, 832, 2004, 2012, 1989, 1958, 1850, 1936, 1200, 804.

Aufgabe
a) Welches der angegebenen Jahre ist ein Schaltjahr?

b) Ist Ihr Geburtsjahr ein Schaltjahr gewesen?

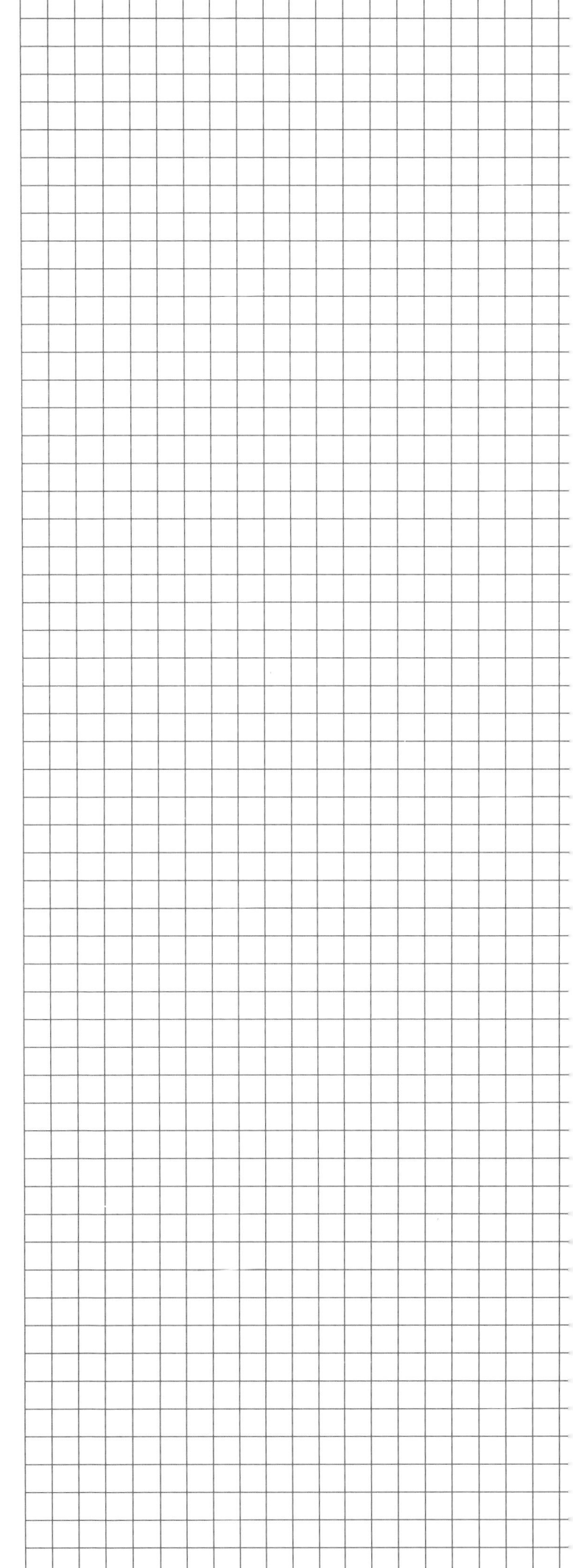

Lösungen s. S. 100f.

2. Geburtstag

Ausgehend von 2006 haben Sie folgende Altersangaben von Personen in Jahren:

Korbinian, 98 Jahre

Elfriede, 67 Jahre

Herbert, 61 Jahre

Karl, 54 Jahre

Stefanie, 22 Jahre

Antonia, 4 Jahre

Erwin, 73 Jahre

Eva, 59 Jahre

Sofia, 34 Jahre

Quirin, 13 Jahre

Lukas, 28 Jahre

Raffael, 9 Jahre

Mathäus, 102 Jahre

Manuel, 14 Jahre

Friederike, 42 Jahre

Aufgabe
Errechnen Sie das jeweilige Geburtsjahr und schreiben Sie es neben die Angabe.

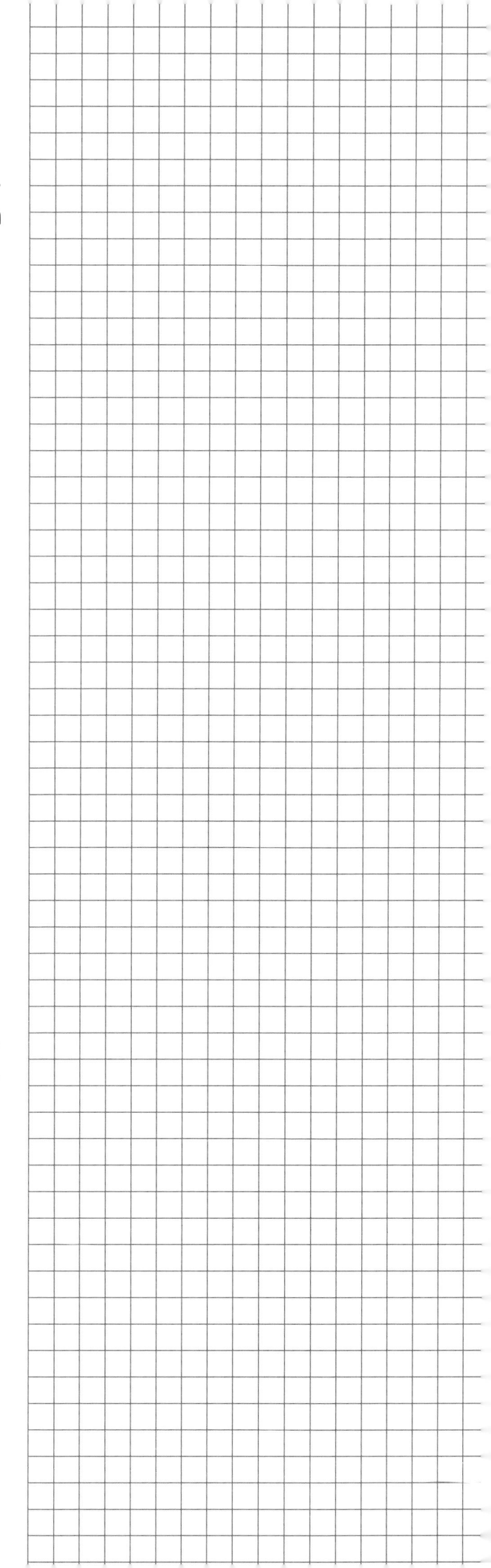

3. Advent
Heiligabend ist dieses Jahr an einem Donnerstag. Heute ist der 9. Dezember.

Aufgabe
Welchen Wochentag haben wir heute?

4. Jahre
Ein Mann ist im Jahre 2006 43 Jahre alt.

Aufgabe
a) Wenn er mit 18 Jahren Matura/ Abitur gemacht hat, dann geschah dies in welchem Jahr?

b) In welchem Jahr wird er in Pension (65 Jahre) gehen?

c) In welchem Jahr feiert er seinen 75. Geburtstag?

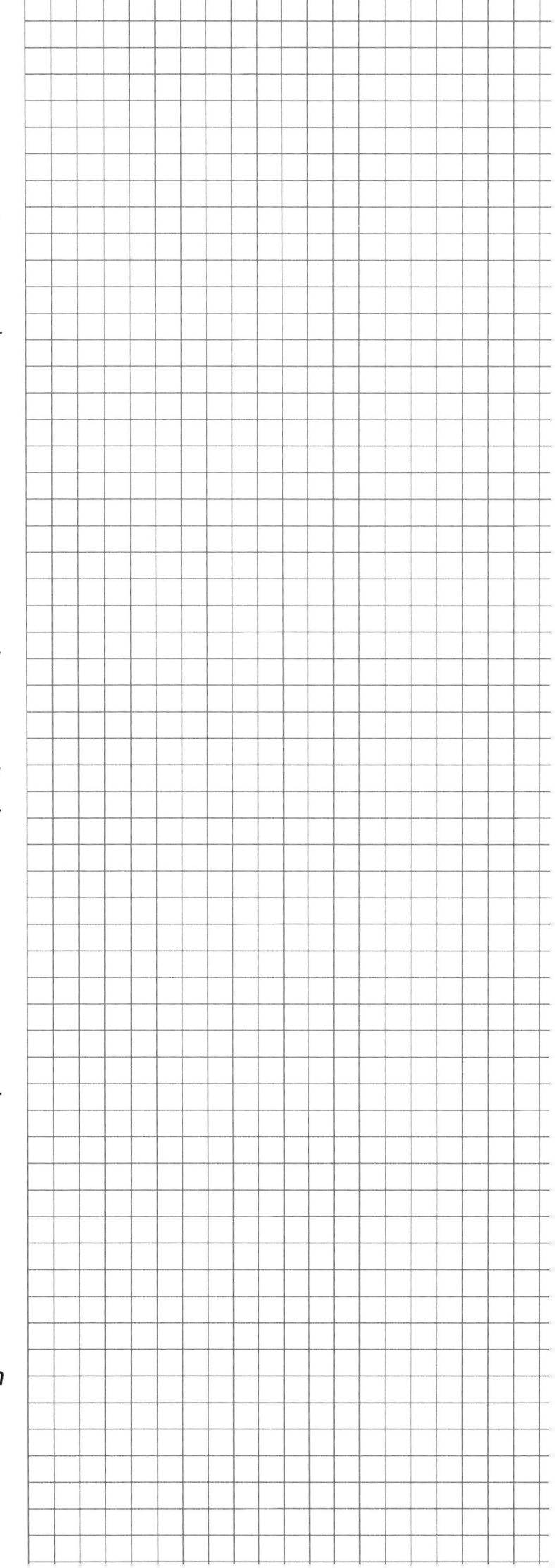

5. Vergessen

Sie schauen in den Kalender und stellen fest, dass Sie den Geburtstag Ihres Onkels vergessen haben. Es ist schon der 17. Mai und er hatte am 21. April seinen 80. Geburtstag.

Aufgabe

a) Wie viele Tage ist das schon her?

b) Wie viele Wochen sind das?

6. Datum

Heute ist der 24. Februar.

Aufgabe

a) In wie vielen Wochen ist Ihr Geburtstag?

b) Rechnen Sie aus, wie viele Tage es bis dahin sind.

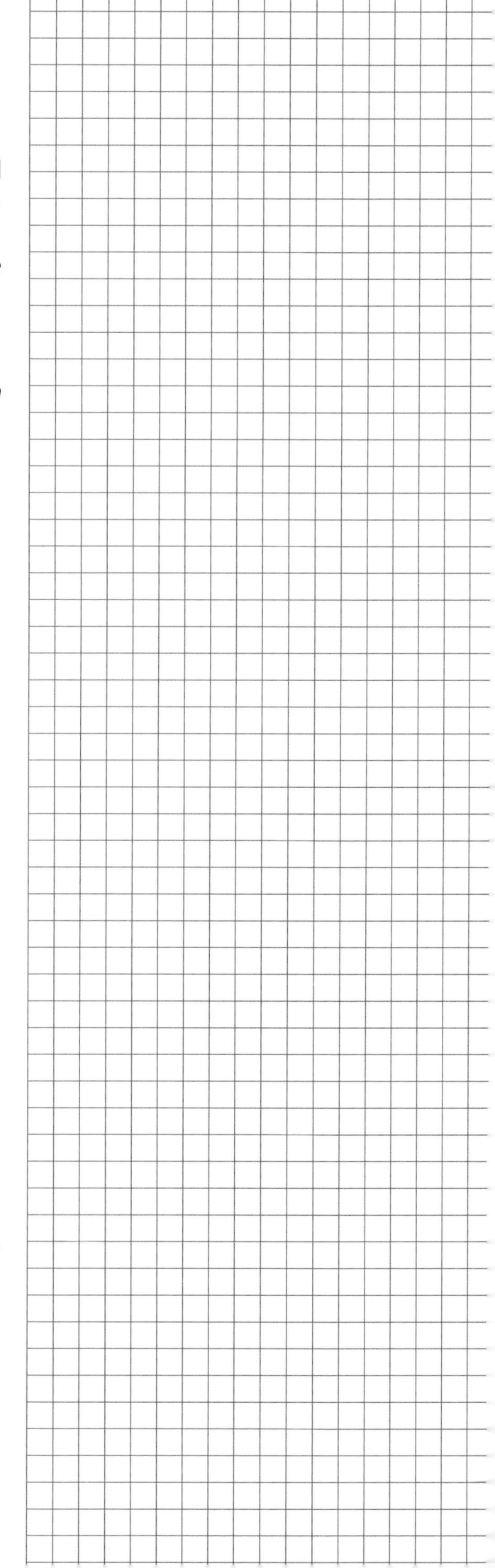

7. Arbeitszeit

Frau Berger ist 51 und denkt über ihr Berufsleben nach. Sie fragt sich, wie viele Jahre für die Berechnung ihrer Pension/Rente zusammenkommen.

Sie hat mit 16 Jahren eine Ausbildung begonnen und dann 10 Jahre im Beruf gearbeitet. Sie bekam 2 Kinder und blieb dann insgesamt 6 Jahre zu Hause. Danach ist sie wieder berufstätig geworden. Diese Jahre werden ihr angerechnet.

Aufgabe

a) Wie viele Jahre hat Frau Berger bis heute gearbeitet?

b) Wenn sie mit 65 Jahren aufhört zu arbeiten, wie viele Jahre werden dann zur Berechnung ihrer Pension/Rente herangezogen?

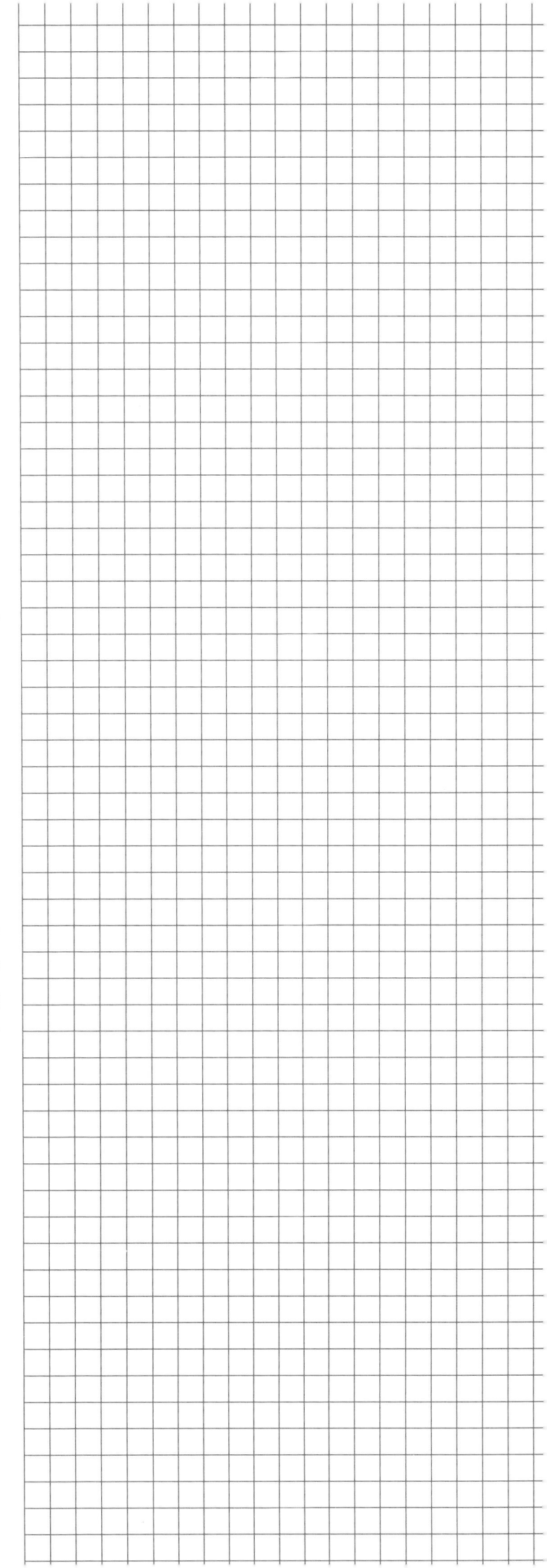

8. Uhrzeit
Jetzt ist es 11 Uhr 13 Minuten.

Aufgabe
Wie spät ist es in

a) 10 Minuten?

b) 14 Minuten?

c) 33 Minuten?

d) 50 Minuten?

9. Fahrzeiten
Im Fahrplan stehen folgende Zeitangaben:

Abfahrt	Ankunft	Fahrzeit
07.45	07.55	
11.33	12.17	
20.04	22.34	
08.23	08.35	
23.12	07.58	

Aufgabe
Errechnen Sie die Dauer der Fahrten und schreiben Sie diese neben die Ankunftszeit.

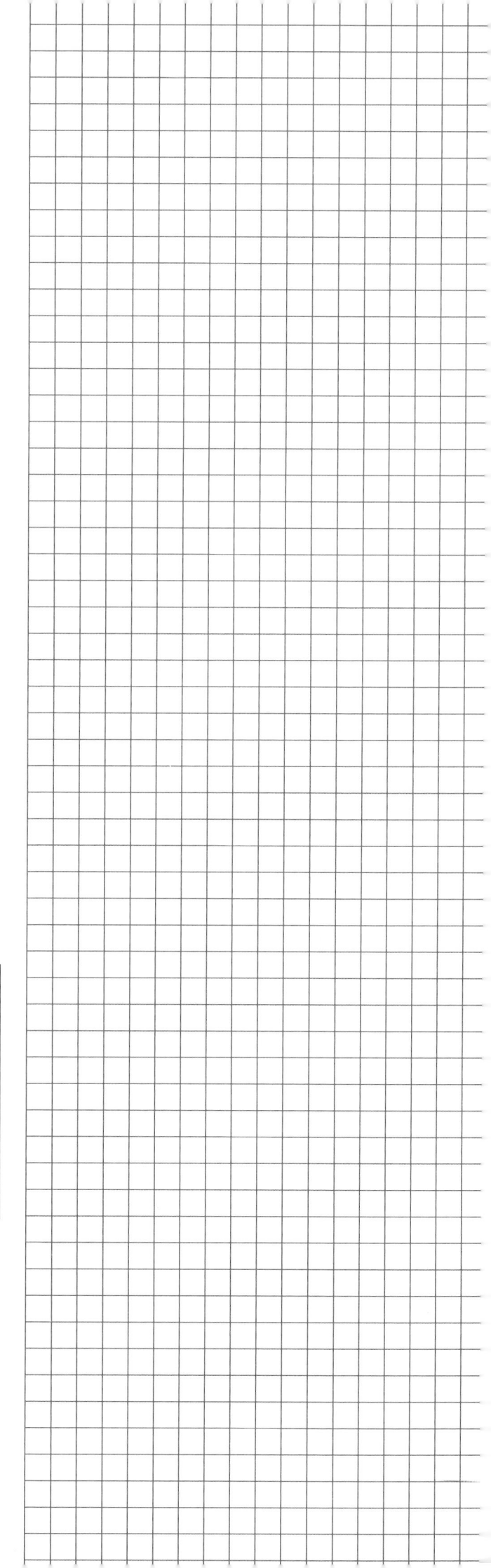

10. Stunden

Ein Mann ist erschöpft um 21.20 Uhr am Reiseziel angekommen und denkt bei einem Glas Wein darüber nach, wie lange er eigentlich unterwegs war. Er stieg um 7.50 Uhr ins Taxi und kam um 8.30 Uhr am Flughafen an. Die Maschine startete um 10.05 Uhr und landete um 17.40 Uhr. Das Auschecken dauerte 2 Stunden! Bis vor 10 Minuten saß er in der U-Bahn.

Aufgabe

a) Errechnen Sie die Fahrt- bzw. Flugzeiten mit den jeweiligen Verkehrsmitteln.

b) Wann hat er ausgecheckt?

c) Wie lange dauerte seine Reise insgesamt?

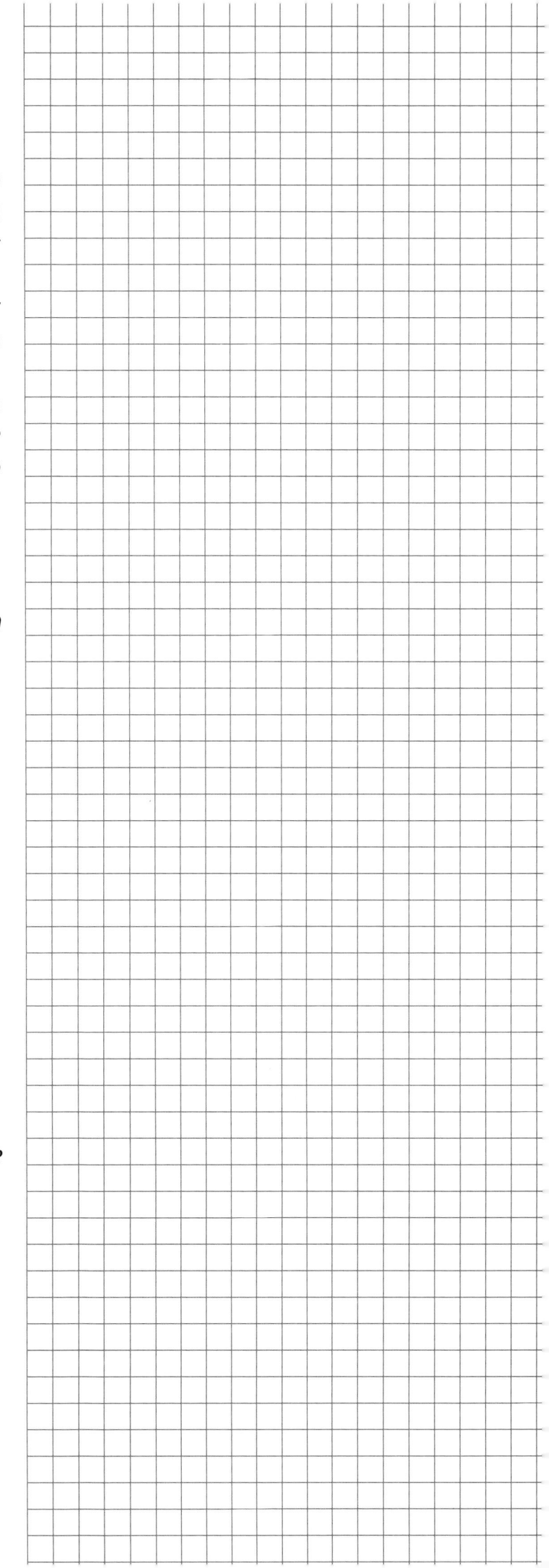

11. Jahr

Das Jahr hat 365 Tage.

Aufgabe

a) Wie viele Tage hat ein Dreivierteljahr?

b) Wie viele Tage hat ein Vierteljahr?

12. Kalenderwoche

Es ist Mittwoch. Wir befinden uns in der 13. Kalenderwoche. Ein bestelltes Bett wird am Mittwoch in der 27. Kalenderwoche geliefert.

Aufgabe

Wie viele Wochen bzw. Tage muss der Kunde warten?

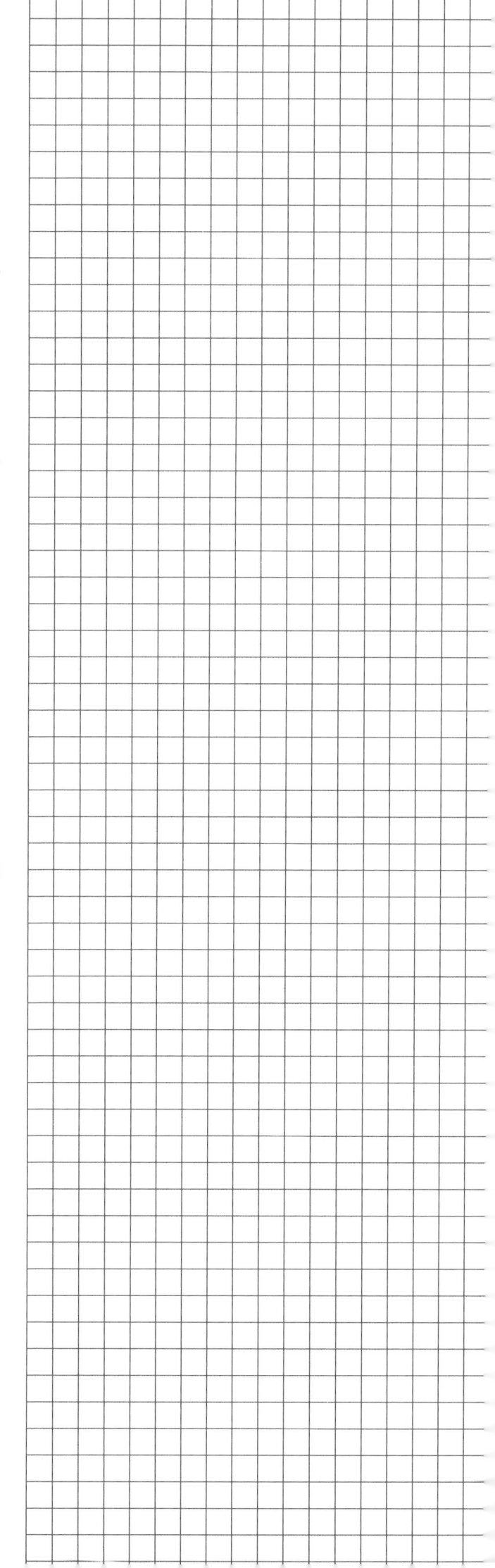

13. Familie

Sie haben sich vorgenommen, keinen Familiengeburtstag mehr zu vergessen. Sie schauen im Kalender nach und finden folgende Daten:
2. Mai, 23. Juni, 30. Juni, 11. August, 14. November, 17. Februar und 29. April.

Aufgabe
a) Überlegen Sie, welches Datum heute ist und schreiben Sie dann die aufgeführten Geburtstage von heute an in der kalendarischen Reihenfolge auf.

b) Wie viele Tage sind es von heute an bis zum nächsten Geburtstag?

14. Weihnachten

Heiligabend war vor 23 Tagen.

Aufgabe
Welches Datum ist dann heute?

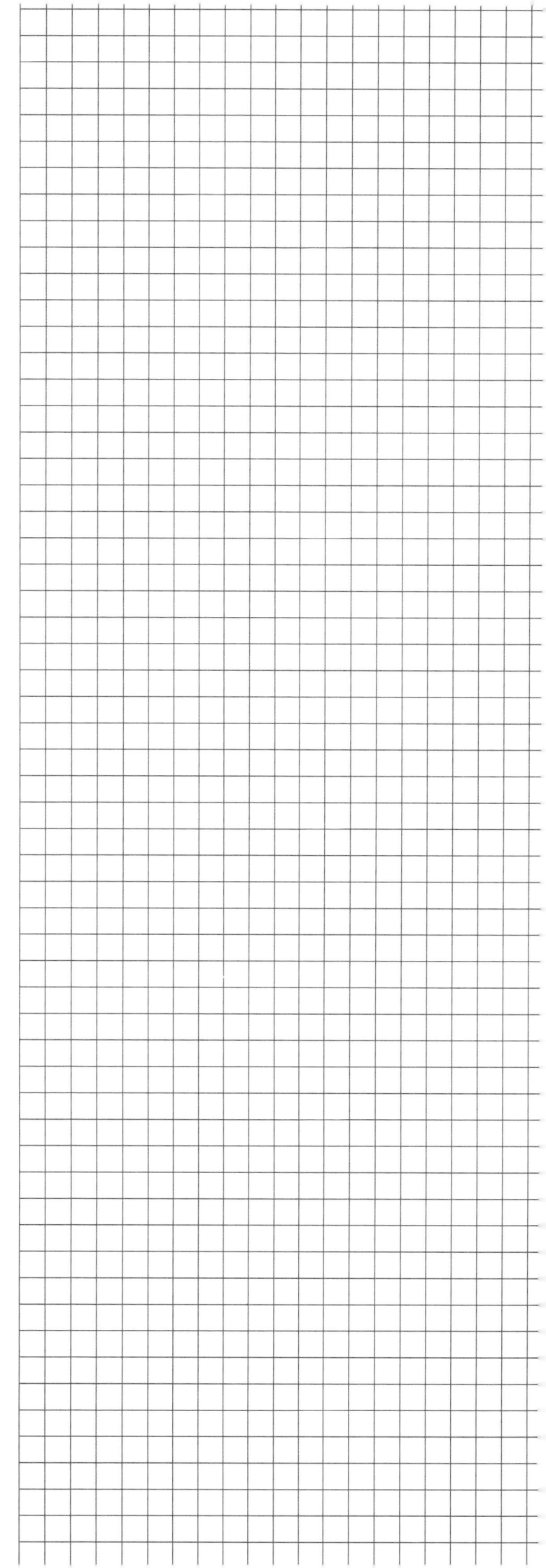

15. Rückblick

Frau Gruber blickt auf ihr Leben zurück. Sie hat mit 14 eine Ausbildung als Köchin begonnen, das war vor 64 Jahren. 8 Jahre später hat sie geheiratet. 12, 14 und 17 Jahre später bekam sie ihre Kinder. Ihr Mann starb, als sie 67 Jahre alt war.

Aufgabe

a) Wie alt ist Frau Gruber heute?

b) In welchem Alter hat sie geheiratet und ihre Kinder bekommen?

c) Wie alt sind die Kinder jetzt?

d) Wie lange ist sie schon Witwe?

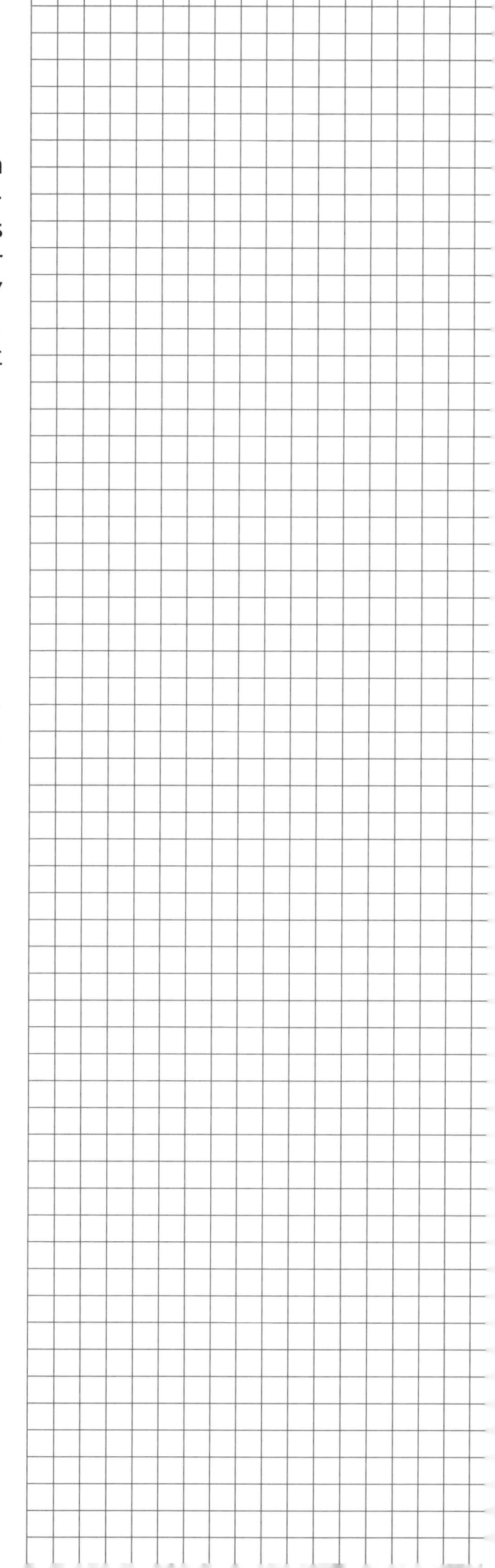

16. Sekunden

Aufgabe

a) Wie viele Sekunden hat eine halbe Minute?

b) 3 Minuten 14 sind wie viele Sekunden?

c) Wie viele Sekunden hat eine halbe Stunde?

17. Frühling

Heute ist Sonntag, der 25. Februar.

Aufgabe

An welchem Wochentag ist Frühlingsanfang?

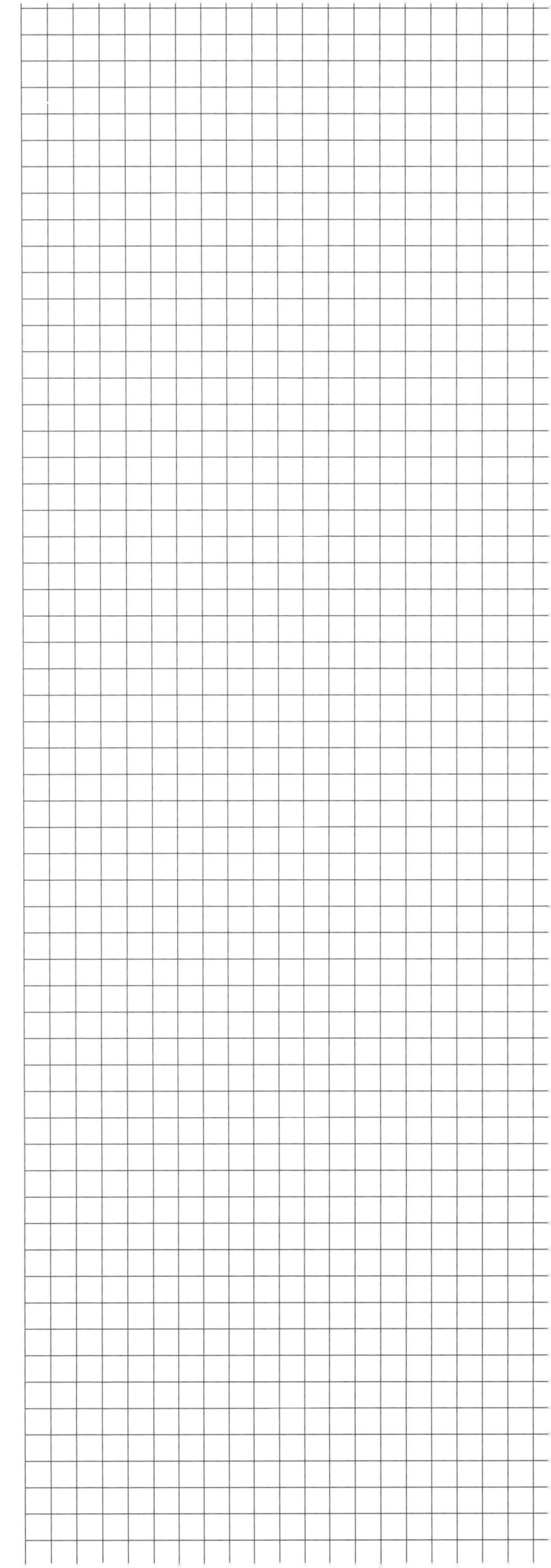

Komplexe Aufgaben

1. Küchenplanung (Skizze)

Sie wollen Ihre neue Küche einrichten und wollen einen Plan haben, bevor Sie ins Möbelhaus fahren.

Maße des Raumes: 3 x 3 Meter
Benötigte Geräte: E-Herd, Spülmaschine, Dunstabzugshaube, Mikrowelle, Spülbecken, Kühlschrank. Stauraum für Töpfe und Vorräte.

Breite der Schränke und Geräte:
Standardmaß 60 cm
Spülbecken 90 cm
Geschirrspüler 45 oder 60 cm
Schränke 30 bis 80 cm

Tiefe der Schränke: 60 cm
Höhe der Arbeitsfläche: 95 cm

Die Mikrowelle und das Geschirr werden in Hängeschränken untergebracht.

Abstand Unter- / Hängeschränke: 45 cm

Es gibt ein eigenes Esszimmer.

Aufgabe

a) Zeichnen Sie einen Grundriss des Raumes im Maßstab 1:10. Tür und Fenster können Sie nach eigener Wahl einzeichnen.

b) Ordnen Sie die Küchenzeile sinnvoll an und teilen Sie nach den Schrankbreiten ein.

c) Die Skizzen sollen in der Draufsicht und Vorderansicht einen Eindruck vermitteln, wie man sich die neue Küche vorstellen kann.

Lösungen s. S. 101

2. Schlafzimmer

Sie haben eine Wand von 3,85 m Länge im Schlafzimmer und möchten diese möblieren. Dabei wollen Sie nicht nur Schränke haben, sondern auch noch Platz für eine gemütliche Leseecke mit Sessel und Stehlampe.

Aufgabe

a) Wie viel Platz braucht man für einen gemütlichen Sessel und eine Stehlampe?

b) Reicht der verbleibende Platz für einen Schrank, in dem zwei Personen einiges verstauen können?

c) Wie sollte der Schrank eingeteilt sein, um möglichst viel unterzubringen?

Gehen Sie davon aus, dass Kleiderstangen, Fächer für Wäsche, Pullover und Bettwäsche gebraucht werden.

TIPP:
Als Hilfe können Sie sich in einem Katalog oder an Ihrer eigenen Einrichtung orientieren.

(Skizze)

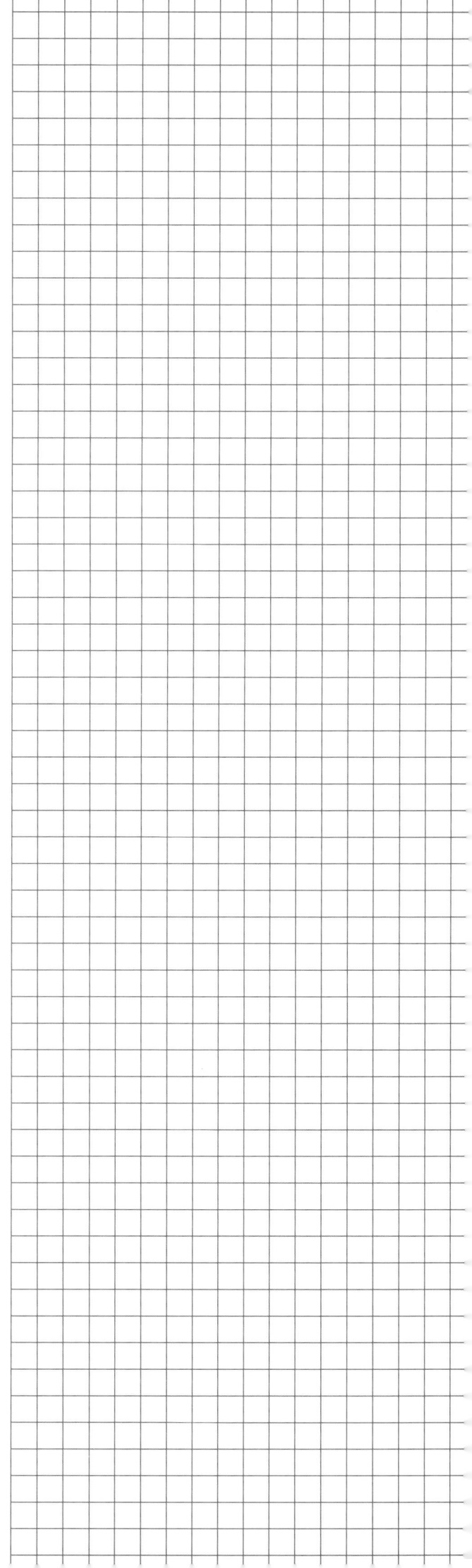

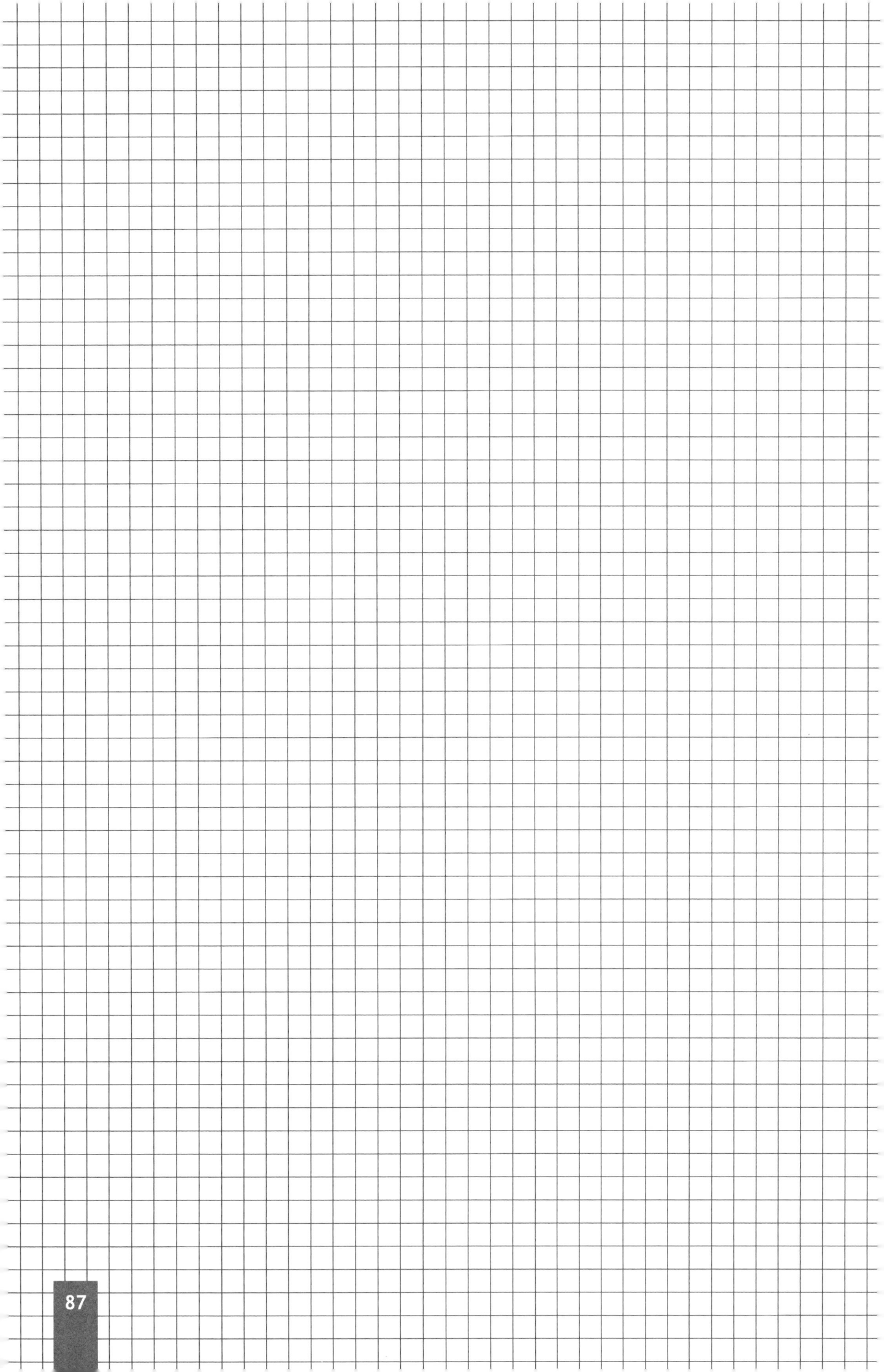

3. Firmenurlaub

In Ihrer Firma wollen alle Mitarbeiter am liebsten im Sommer Urlaub machen. Einige haben Kinder und sind auf die Ferien angewiesen, andere wollen gerade nicht in den Schulferien verreisen. Keiner bekommt mehr als 3 Wochen frei.

- Herr Ernst möchte auf keinen Fall während der Ferien Urlaub haben.
- Frau Extra möchte zwar 3 Wochen Urlaub haben, aber weder im Juni noch im August.
- Herr Freund braucht im August 2 Wochen Urlaub.
- Herr Ludwig will unbedingt im September frei haben, aber erst nach Schulbeginn.
- Frau Abig, Frau Stelzberger und Frau Löbig fahren dieses Jahr gemeinsam weg und wollen dies außerhalb der Ferien tun, aber nicht im September.
- Sie selbst haben schulpflichtige Kinder und möchten in den Sommerferien 3 Wochen frei nehmen.

Abteilung A:
Fr. Extra, Fr. Abig, Fr. Stelzberger
Abteilung B:
Hr. Ernst, Sie selbst, Hr. Ludwig
Abteilung C:
Fr. Löbig, Hr. Freund

Aufgabe
Stellen Sie fest, wann in diesem Jahr bei Ihnen die Sommerferien beginnen und wann sie enden.
Stellen Sie einen Ferienplan auf, in dem möglichst jeder auf seine Kosten kommt.
Es sollte immer mindestens 1 Person aus jeder Abteilung da sein.

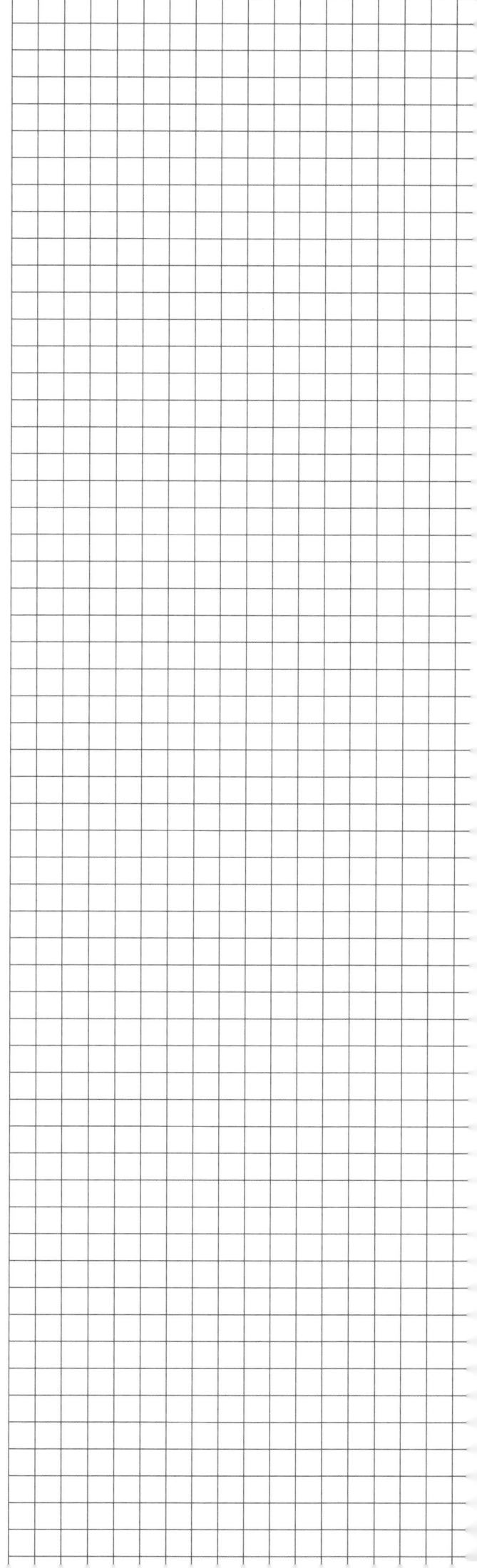

4. Familienurlaub

Sie haben im Jahr 26 Tage Urlaub. Wie sollen die Urlaubstage in diesem Jahr verteilt werden?

Sie möchten im Sommer 2 Wochen verreisen.

Weihnachten gibt es bis zum 6.1. Betriebsferien.

In der Karwoche wollen Sie dieses Jahr auch freinehmen.

Außerdem möchten Sie noch an 1-2 Brückentagen, d.h. dem Tag zwischen einem Feiertag und dem Wochenende freihaben, diese sollen aber eher in der warmen Jahreszeit liegen als im Herbst.

Natürlich ist es Ihr Wunsch, den Urlaub so zu legen, dass Sie möglichst viel aus Ihrem Urlaub machen, d.h. lange freihaben.

Da Sie dieses Jahr auch einen „runden" Geburtstag feiern, wollen Sie sich an diesem Tag ebenfalls freinehmen und ihn genießen.

Aufgaben

Durchsuchen Sie den Jahreskalender nach Feiertagen und Ihrem Geburtstag.

Verteilen Sie die Urlaubstage entsprechend den Vorgaben.

Nun stellen Sie fest, dass Ihr/e Partner/in dieses Jahr Mitte August freinehmen muss und mit Ihnen zusammen verreisen möchte. Berücksichtigen Sie dies in Ihrer Planung.

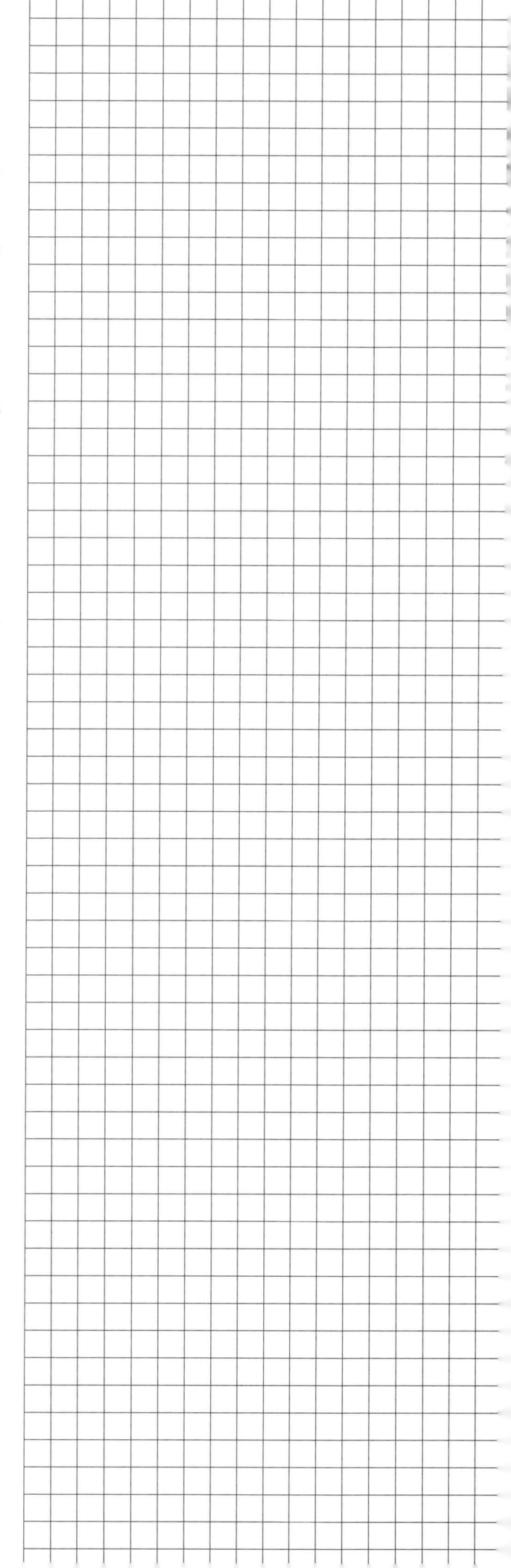

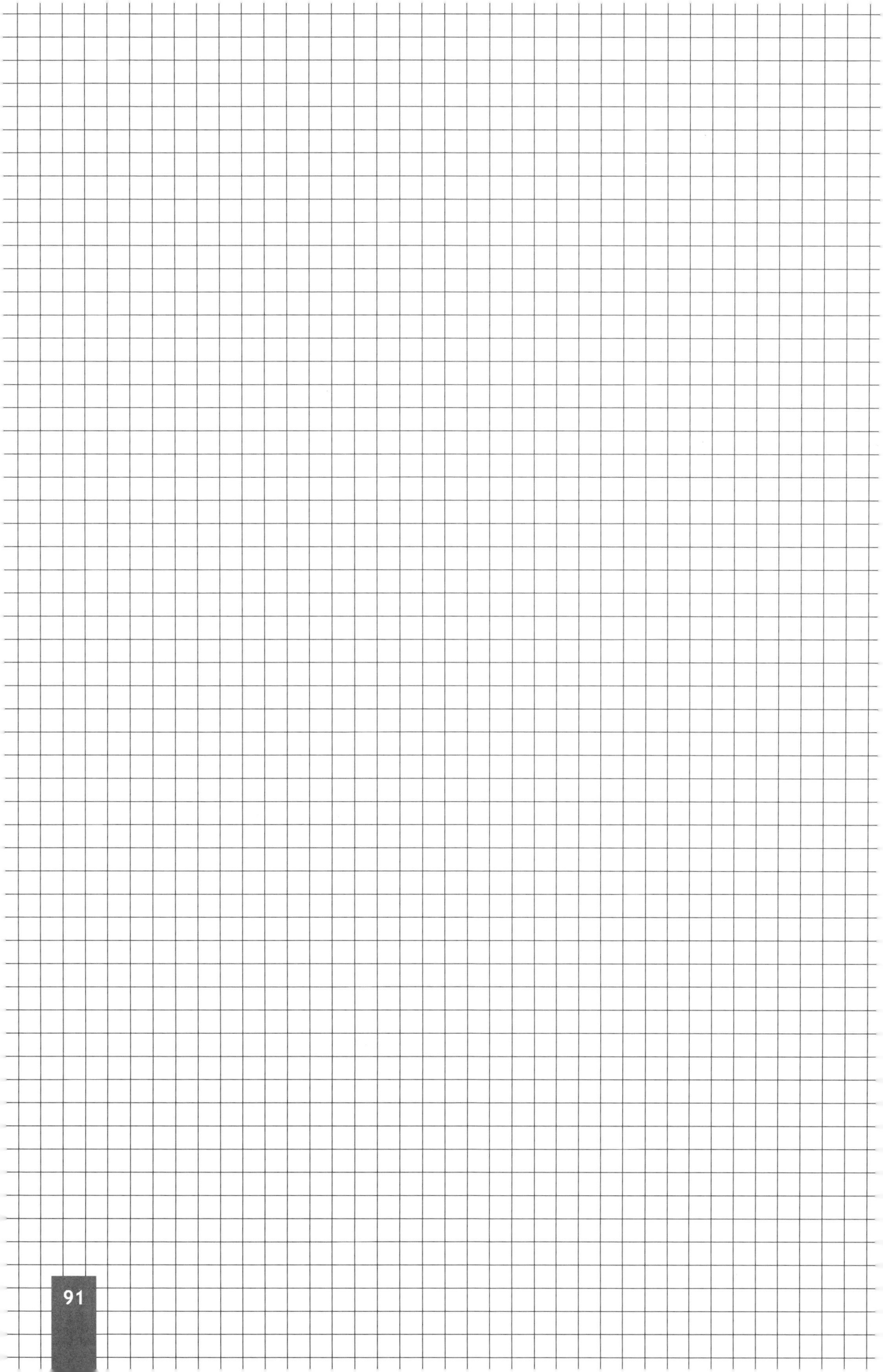

5. Büro

Sie haben an diesem Montag im Büro einiges zu erledigen:

Ihr Arbeitsbeginn ist um 7.30 Uhr. Folgende Aufgaben liegen an:

- Anruf in der Stadtverwaltung, um eine Sperrmüllabholung zu ordern.
- Anruf in der Bücherei, um Ihre Bücher zu verlängern. Dies ist dringend, da heute die Frist endet.
- 10.00 bis 11.30 Uhr: Besprechung der Verantwortlichen, wie effektiv die Mitarbeiterfortbildung umgesetzt wurde. Dazu brauchen Sie noch externe Informationen von Frau Abel. Außerdem haben Sie Ihr Hand-out für die KollegInnen noch nicht kopiert (8x).
- Telefonische Anmeldung für eine Fortbildung in Bern.
- Terminabsprachen mit Kunden, die Sie im Laufe der Woche besuchen wollen, dauern ca. 1 Stunde.
- Mittagspause wollen Sie zwischen 12.30 Uhr und 14.00 Uhr machen (max. 1 Std.).
- Um 14.00 Uhr besucht Sie eine Kundin, die genaue Fragen zum neuesten Produkt haben wird. Darauf müssen Sie sich noch mindestens 15 Minuten vorbereiten, am besten mit Herrn Liebscher, dem Leiter der Entwicklungsabteilung.
- Sie wollten noch im Labor anrufen, um die Ergebnisse Ihrer Blutuntersuchung zu erfahren.

Öffnungszeiten der Bücherei:
15.00 - 18.00 Uhr
Öffnungszeiten Stadtverwaltung:
7.00 - 12.00 Uhr
Frau Abel ist erreichbar zwischen 8.00 und 8.45 Uhr
Erreichbarkeit Labor:
7.00 - 9.00 Uhr

Aufgaben

a) Erstellen Sie einen Tagesplan, auf dem alle Tätigkeiten in der Reihenfolge und zu den Uhrzeiten aufgeführt werden, die am günstigsten sind.

b) Wann können Sie nach Hause gehen?

c) Müssen Sie etwas auf morgen verschieben?

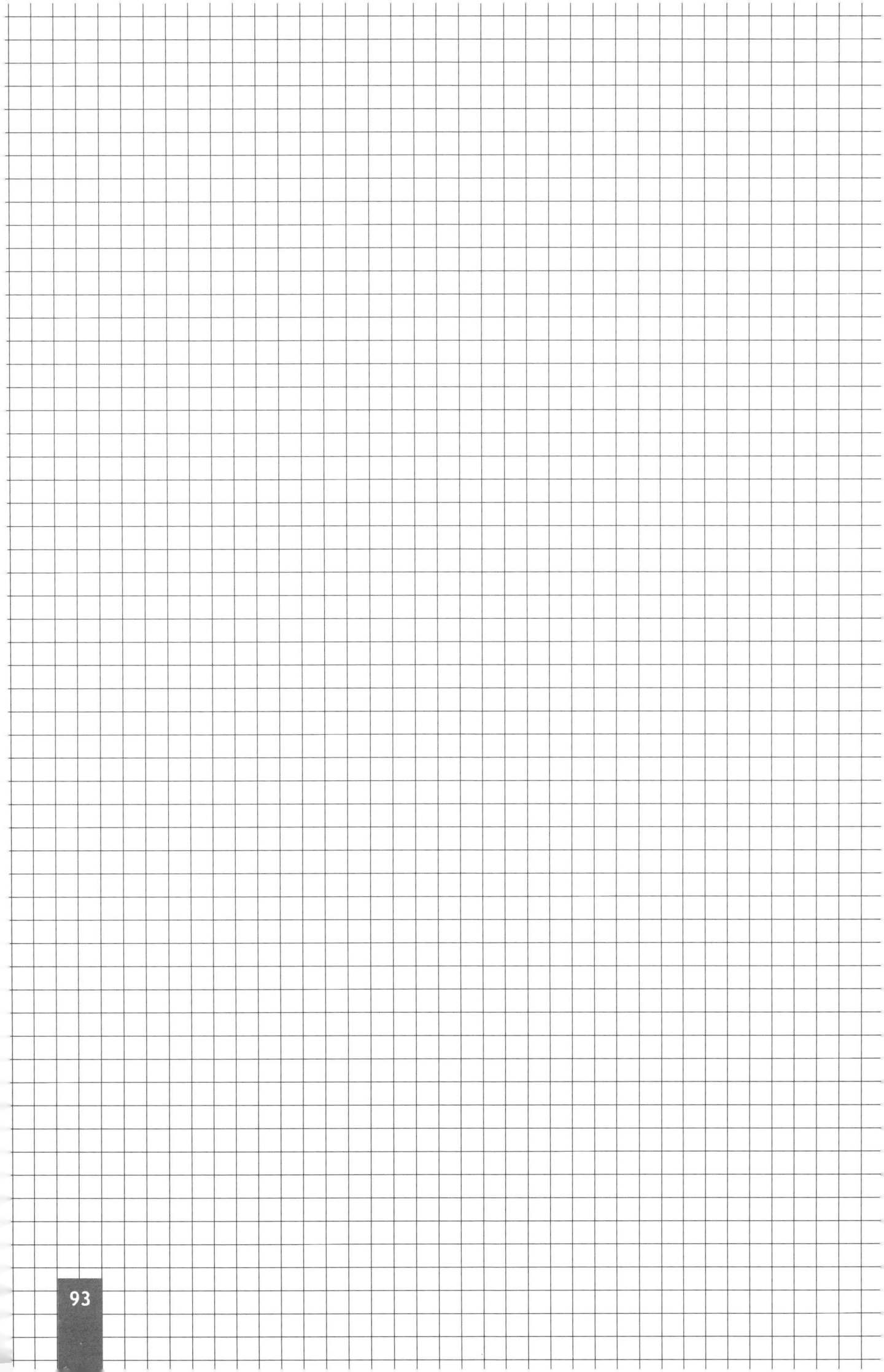

6. Tagesablauf

Morgen haben Sie einiges vor und überlegen sich gerade, wie Ihr Tagesplan am besten aussehen sollte.

- Blutabnahme beim Hausarzt ab 7.30 Uhr
- Blazer aus der Reinigung holen, zwischen 10.00 und 18.00 Uhr geöffnet
- Freundin kommt zum Mittagessen um 12.00 Uhr
- Einkäufe tätigen für Mittagessen, sowie zur Apotheke gehen
- Finanzamt (geöffnet 8.00 Uhr bis 12.00 Uhr) und Bücherei (geöffnet 10.00 Uhr bis 19.00 Uhr): Steuererklärung abgeben und vorgemerktes Buch abholen
- Aquarellkurs um 16.00 Uhr (Dauer 1 Std.) in der Volkshochschule

Aufgaben

a) Erstellen Sie einen Plan, in welcher Reihenfolge Sie die Dinge am besten erledigen.

b) Geh- bzw. Fahrzeiten richten sich nach Ihrem Wohnort.

c) Arbeiten Sie mit örtlichen Fahrplänen.

d) Denken Sie an Erholungszeiten.

e) Was müssen Sie morgens bzw. nachmittags mitnehmen, um alles erledigen zu können?

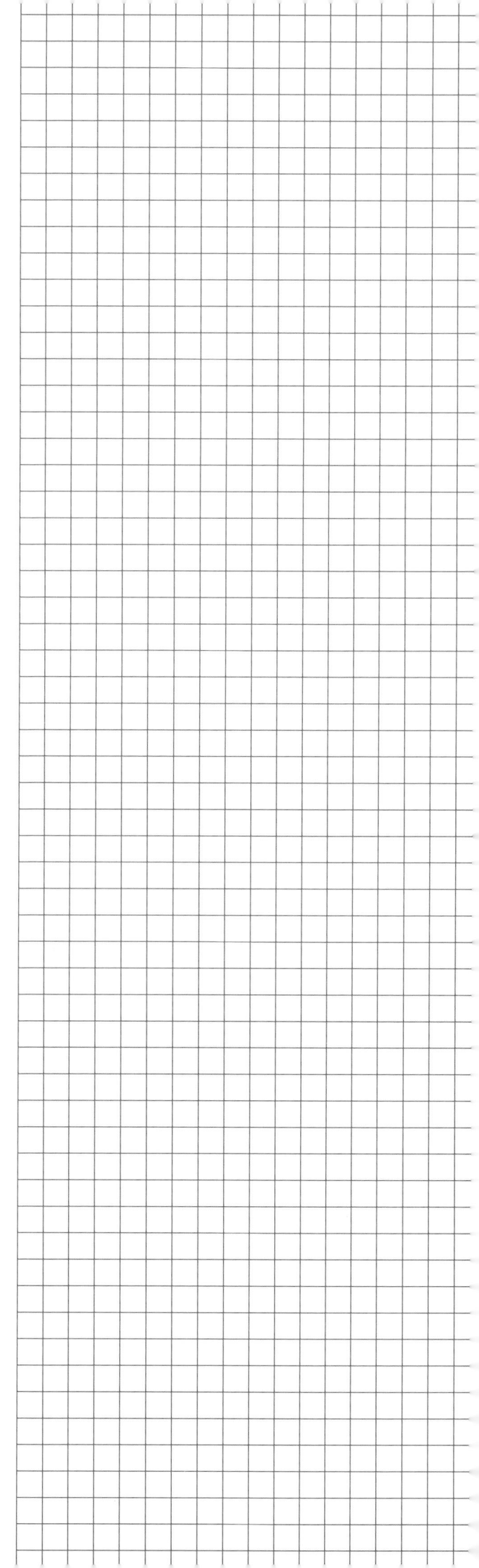

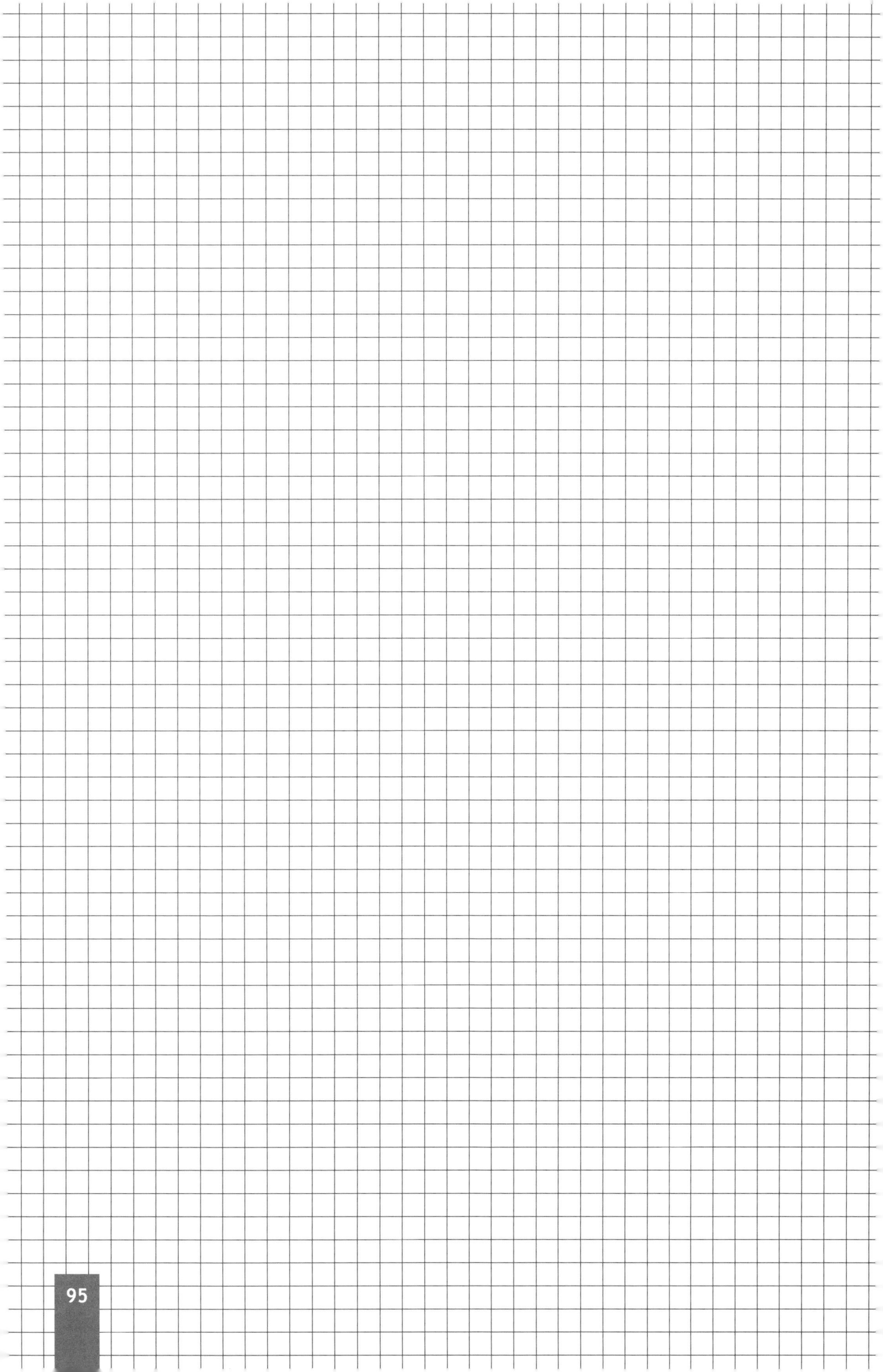

7. Kalender

Sie brauchen einen Jahreskalender, in dem Feiertage besonders gekennzeichnet sind.

Welches Jahr haben wir?	
Welchen Monat haben wir und wie viele Tage hat er?	
Wie lautet das genaue heutige Datum?	

Suchen Sie alle (arbeitsfreien) Feiertage Ihres Landes im Kalender heraus.

Feiertag	Monat	Datum	Wochentag

Lösungen

Start
1. Uhrzeit: 11.23 Uhr
2. Regal: 26 Bücher
3. Viertelstunden: 17
4. Fahrrad: 5 Stunden
5. Sekunden: 30 Sekunden
6. Pfandflaschen: Ja, 10 Cent bleiben übrig
7. Pullover: 13 Knäuel
8. Gewinn: 110,00 €
9. Wohnung: 182.600,00 €

Auto und Reisen
1. Reifendruck: 0,9 bar
2. Pauschalreise:
   a) 724,75 €
   b) Preis: 14.495,00 €
   c) 20% = 2.899,00 €
3. Ausflug: 14,25 €
4. Kran:
   a) 1,875 t
   b) Nein, 1 Palette muss vom Stapel runter
5. Benzinpreis: 40,85 €
6. Tanken: 32 l
7. Sattelschlepper:
   a) 15,395 t
   b) Ja, er hat sogar noch Kapazitäten frei!
8. Führung:
   Erwachsene: 89,00 €
   Kinder: 31,15 €
   Gesamt: 120,15
   abzügl. 15% ≈ 102,13 €
9. Fahrt ins Blaue:
   a) 6 Stunden
   b) 75 km/h
10. Kiew-Reise: 38 Stunden

Dies und Das
1. Stricknadel: 26 Maschen
2. Therme: 6 Personen
3. Buskarte:
   a) ≈ 7,08 €
   b) Nein, es lohnt sich nicht mehr, es ist 35,00 € teurer
4. Häuserreihe: 24 Häuser
5. Handwerker: ≈ 172,44 € Stundenlohn
6. Stufen: 29 Stufen nach unten
7. Webrahmen: 17,50 m
8. Gewicht: ja, 10,84 kg
9. Strickmuster: 27-mal
10. Maßband: 7,5 cm

Einrichten
1. Endstücke: 18 Stück
2. Küchentisch:
   a) Nein, auf einer Seite fehlt der Überhang
   b) 1,40 m x 1,90 m

3. Vorhangstange: 1,80 m
4. Vorhang: 5,50 m
5. Noch einmal Vorhang: 8,25 m
6. Fertigvorhang: Nein, nur die Länge ist ausreichend, aber nicht die Breite
7. Tischdecke: 1,50 m
8. Kissen: 9 Stück
9. Türen: 15,12 qm
10. Vorhangringe:
    a) 56 Ringe
    b) 115 Ringe

Gäste und Küche
1. Sommerfest:
   Bier: 16 l
   Wein: 3 l
   Saft: 6,5 l
   Wasser: 6,5 l
2. Grillfest:
   5 Koteletts
   12 Würstchen oder
   6 Paar Würstchen
   5 Putenschnitzel
3. Gulasch: 0,8 kg
4. Grillfeuer: 1,4 kg
5. Getränke: Nein, es fehlen 7 Flaschen
6. Gugelhupf:
   a) 1155 g
   b) 150 g Butter,
      75 g Puderzucker,
      75 g Kristallzucker,
      2 Dotter, 2 Eiklar,
      120 gr. Mehl,
      30 gr. Rosinen,
      1/2 Päckchen Vanillezucker
      25 g Zitronenschale
7. Kompott:
   a) 1,5 kg
   b) 6 Gläser
8. Bowle:
   a) 0,5 l Wasser,
      1 l Sekt,
      0,75 l Wein
   b) mit 0,5 kg Früchte ergibt sich 2,75l Bowle
9. Muffins:
   a) 360 g
   b) ca. 16 Stück

Geld
1. Werbungskosten:
   a) 972,46 €
   b) um 52,46 €
2. Nettoeinkommen: 23.455,51 €
3. Versicherungen: 1.805,40 €
4. Unfallversicherung: Vertrag mit B, da um 6,68 € günstiger als A
5. Stammkunde:
   a) 7,50 €
   b) 8,50 €;
   c) Die alten Bedingungen sind um 1,00 € günstiger
6. Enkelkinder:
   a) ≈ 446,67 €
   b) 469,00 €

7. Büchereigebühren:
   31,50 € + 23,10 € + 9,80 € = 64,40 €

8. Lose:
   a) 26,25 €
   b) ja, 3,75 €

9. Aktien:
   a) 4.012,00 €
   b) 4.613,00 €
   c) 601,00 €

10. Anschaffungen:
    a) 525,10 €
    b) Nein, es fehlen 175,10 €

11. Essen gehen: Nein, nur noch 2,20 € sind möglich

12. Millionenshow: 11.088,00 €

13. Therapiekosten:
    a) 25,00 €
    b) 7,00 €
    c) 28,00 €
    d) 320,00 €

14. Büchereien:
    priv. Bücherei 48,50 zu öffentl. Bücherei 56,00 €

Haushalt

1. 100 Euro: Nein, ich benötige 124,20 €

2. Telefonieren: 8,40 €

3. Kissen: 0,60 m

4. Viel Telefonieren:
   a) 3,90 €
   b) 117,00 € (Monat = 30 Tage)
   c) 1423,50 €

5. Bücher aussortieren: 29

6. Paketschnur: Nein, Schnur reicht nur für 4 Pakete

7. Drucker: 7 Ausdrucke

8. Germknödel: 3 Packungen

9. Drogeriemarkt: 6,62 €

10. Angebot: Ja, bei 2 Dosen 1,00 €

11. Gartentisch:
    a) 122,50 €
    b) ≈ 118,83 €

12. Schuhe: ≈ 52,48 €

13. Streichen:
    50 l : 4 = 12,5 l
    Gelb: 12,5 l / Weiß: 37,5 l

14. Zutaten: 6.575 g

15. Bücher:
1860 – 1869: 1	1960 – 1969: 5
1890 – 1899: 3	1970 – 1979: 4
1920 – 1929: 1	1980 – 1989: 5
1930 – 1939: 1	1990 – 1999: 5
1940 – 1949: 1	2000 – 2009: 5
1950 – 1959: 4	

Kinder

1. Kinderzimmer:
   a) Gesamtfläche: ≈ 53,63 qm
   b) 6 Eimer zu insgesamt 45,00 €

2. Adventskalender: 12 Stück

3. Tagesmutter: 223,00 €

4. Freibad: 3-mal

5. Kindergeld: 154,00 €
6. Fotos: 38
7. Flohmarkt: 12,25 €
8. Spielsachen: 20
9. Bilderrahmen: 30 x 40 cm oder größer
10. Plantschbecken:
    a) 16 Eimer
    b) 8 Eimer
    c) 64 l

Outdoor
1. Bergtour: ≈ 3 Stunden, 17 Minuten
2. Höhenmeter:
   a) 1650 m
   b) ≈ 53 Minuten
3. Joggen: 1 Stunde, 25 Minuten, 41 Sekunden
4. Skilift: bei 1 Punktekarte für beide Kinder sind die Preise genau gleich, es bleiben aber noch Restpunkte für das nächste Mal.
5. Maßstab:
   a) 210 km
   b) Nein, man benötigt 14 Stunden
6. Schnellgehen: ≈ 5,5 km
7. Lungau:
   a) 0,5 km
   b) 8,5 km
   c) 1 Stunde, 42 Minuten
   d) 34 Minuten
8. Gipfel: ≈ um 16.12 Uhr
9. Langlaufen:
   a) ja
   b) ja ≈ 53 Minuten
10. Seedurchquerung: 40 m

Zeiträume
1. Schaltjahr:
   a) 1776, 2000, 1640, 1812, 1612, 1964, 832, 2004, 2012, 1936, 1200, 804
   b) Keine allgemeine Antwort möglich, individuelle Lösung
2. Geburtstag:
   Korbinian: 1908
   Elfriede: 1939
   Herbert: 1945
   Karl: 1952
   Stefanie: 1984
   Antonia: 2002
   Erwin: 1933
   Eva: 1947
   Sofia: 1972
   Quirin: 1993
   Lukas: 1978
   Raffael: 1997
   Mathäus: 1904
   Manuel: 1992
   Friederike: 1964
3. Advent: Mittwoch
4. Jahre:
   a) 1981
   b) 2028
   c) 2038

5. Vergessen:
   a) 26 Tage
   b) 3 Wochen und 5 Tage

6. Datum: Keine allgemeine Antwort möglich, individuelle Lösungen

7. Arbeitszeit:
   a) 29 Jahre
   b) 43

8. Uhrzeit:
   a) 11.23 Uhr
   b) 11.27 Uhr
   c) 11.46 Uhr
   d) 12.03 Uhr

9. Fahrzeiten:
   a) 10 Minuten
   b) 44 Minuten
   c) 2 Stunden 30 Minuten
   d) 12 Minuten
   e) 8 Stunden 46 Minuten

10. Stunden:
    a) Taxi: 40 Minuten
       Flug: 7 Stunden 35 Minuten
       U-Bahn: 1 Stunde 30 Minuten
    b) um 19.40 Uhr
    c) 13 Stunden 30 Minuten

11. Jahr:
    a) 273 Tage, ganz genau 273,75 Tage
    b) 91 Tage, ganz genau 91,25 Tage

12. Kalenderwoche: 14 Wochen oder 98 Tage

13. Familie: Keine allgemeine Lösung möglich

14. Weihnachten: 16.1.

15. Rückblick:
    a) 78 Jahre
    b) geheiratet: mit 22, Kinder mit 26, 28 und 31 Jahren
    c) 52, 50 und 47 Jahre
    d) seit 11 Jahren

16. Sekunden:
    a) 30 Sekunden
    b) 194 Sekunden
    c) 1800 Sekunden

17. Frühling: am Mittwoch, 21. März

Komplexe Aufgaben

1. Küchenplanung: Keine allgemeine Lösung möglich

2. Schlafzimmer:
   a) 65 bis 80 cm
   b) ja, 3 m
   b) Kleiderstangen, Regalböden, evtl. Schubfächer, je nach Bedarf. Keine allgemeine Lösung möglich

3. Firmenurlaub: Keine allgemeine Lösung möglich

4. Familienrlaub: Keine allgemeine Lösung möglich

5. Büro: Keine allgemeine Lösung möglich

6. Tagesablauf: Keine allgemeine Lösung möglich

7. Kalender: Keine allgemeine Lösung möglich

Funktionelle Dysphagie-Therapie
Ein Übungsprogramm

Im ersten Teil beleuchtet das Buch Diagnostik und Rehabilitation aus einer theoretischen Sichtweise, wobei auf die interdisziplinäre Teamarbeit besonderer Wert gelegt wird. Genau erklärt werden die funktionellen Folgen von Zungenteilresektion, Mundbodenteilresektion, Zungengrundresektion, Mesopharyngektomie, horizontaler oder vertikaler Kehlkopfteilresektion und/oder Bestrahlung.
Der umfangreiche praxisbezogene Teil bietet einen Wegweiser zur Auswahl von restituierenden, kompensierenden oder adaptierenden Therapieschritten an. Der Therapeutin und dem Therapeuten stehen viele kopierfertige Vorlagen mit verschiedenen Übungen zur Verfügung. Zusätzlich werden zu jeder Übung Hintergrundinformationen geliefert.

Sabina Hotzenköcherle
156 Seiten
1. Auflage 2003
ISBN 978-3-8248-0429-0
€ 24,90 (D) / sFr 43,58

Therapie bei
Gaumensegelstörungen

Dieses Buch behandelt die Therapie bei Gaumensegelstörungen. Im ersten Teil werden Anatomie, Physiologie und Pathophysiologie des Gaumens thematisiert. Den theoretischen Ausführungen folgt ein umfangreicher praktischer Übungsteil, in dem die Autorinnen zahlreiche Therapiemöglichkeiten zusammenstellen.
Informationen über ärztliche Möglichkeiten einer prothetischen Versorgung sowie operative Alternativen ergänzen die therapeutische Perspektive.

Claudia Klunker / Astrid Rätzer
106 Seiten
1. Auflage 2005
ISBN 978-3-8248-0449-8
€ 19,95 (D) / sFr 34,91

Inhaltsverzeichnis und Leseprobe:
www.schulz-kirchner.de

Über den Buchhandel erhältlich oder direkt bei der

Schulz-Kirchner Verlag GmbH
Postfach 12 75 · D-65502 Idstein
☎ (0 61 26) 93 20-0
📠 (0 61 26) 93 20-50
@ bestellung@schulz-kirchner.de